안아 주심

국제제자훈련원은 건강한 교회를 꿈꾸는 목회의 동반자로서 제자 삼는 사역을 중심으로 성경적 목회 모델을 제시함으로 세계 교회를 섬기는 전문 사역 기관입니다.

안아 주심

초판 1쇄 발행 2007년 4월 26일
초판 92쇄 발행 2023년 4월 12일

지은이 옥한흠
펴낸이 오정현
펴낸곳 국제제자훈련원
등록번호 제2013-000170호(2013년 9월 25일)
주소 서울시 서초구 효령로68길 98(서초동)
전화 02)3489-4300 **팩스** 02)3489-4329
이메일 dmipress@sarang.org

저작권자 (C) 옥한흠, 2007, Printed in Korea.
이 책은 저작권법에 의해 보호를 받는 저작물이므로 저자와 출판사의 허락 없이
내용의 일부를 인용하거나 발췌하는 것을 금합니다.

ISBN 978-89-5731-199-8 03230

※ 책값은 뒤표지에 있습니다. 잘못된 책은 구입하신 곳에서 교환해드립니다.

안아주심

옥한흠

서문

하나님이 우리를 안고 걸어가신다는 사실을 믿는 것은 광야와 같은 세상을 살아가는 우리에게 얼마나 큰 능력인지 모릅니다.

우리는 혼자 감당하기 어려운 일들이 계속해서 일어날 때나 마음에 난 상처들이 곪아 들어갈 때, 이 모든 일에 하나님이 해결자 되신다는 것을 잘 알고 있습니다. 하지만 막상 어려운 현실에 처하게 되면 이 사실이 마음에 쉽게 다가오지가 않는 것이 사실입니다.

힘든 상황에서 우리는 너무나 익숙하게 "하나님은 능력이 세요, 하나님이 다 알고 계시니까 괜찮아요"라고 고백합니다. 그러나 한 걸음 더 나아가, "하나님이 아픈 너에게 정말로 위로가 되니? 이 상황 속에서 기뻐할 수 있니?"라고 묻는다면, 선뜻 "네, 하나님은 실제로 내게 그런 분이세요"라고 대답하는 경우가 몇이나 될까 하는 의문을 가져 봅니다.

하나님이 전능자 되심을 믿기 때문에, 그 하나님이 친히 우리의 아버지 되시기 때문에 어려운 환경 가운데서도, 낙심되는 상황 가운데서도 우리는 우울한 감정의 지배를 받지 않을 수 있습니다. 하지만 기독교인이라고 자처하는 공인들의 자살 소식을 듣게 되고, 우울증에 시달리는 그리스도인들을 보면서 '왜 하나님의 능력이 나타나지 않을까? 왜 예수 그리스도의 평안이 저들에게 아무 힘이 없을까?' 하는 생각을 해보지 않을 수 없습니다.

광야와 같은 세상을 살아가는 이들에게, 암담한 현실에 지친 이들에게, 상한 마음으로 아파하고 있을 이들에게 정말 필요한 것이 무엇일까 고민했습니다. 그래서 저의 설교들 가운데, 우리의 능력이 되시는 하나님, 상한 마음의 위로자 되시는 하나님에 관하여 이야기한 것들을 정선하여 묶었습니다.

우리는 힘든 그때에 하나님이 알려 주시는 방법으로 삶을 경영해야 합니다. 인내하며 그 방법대로 꾸준히 달려야 합니다. 하루하루가 그다지 나아지는 것 같아 보이지 않을 수 있습니다. 말씀 보고, 기도하고, 식사하고, 일하고, 사람들 만나고, 잠자리에 드는 일들이 매일 같아 보일 수 있습니다. 사람이 만들어 놓은 24시간, 365일과 같은 크로노스*chronos*의 시간으로 보면 매일 같은 삶을 반복하는 것같이 보입니다. 그러나 하나님의 방법대로 꾸준히 살아가는 것은 하나님의 시간인 카이로스 kairos의 시간에서 굉장한 의미를 가지고 있습니다. 이것은 1초, 1초 매 순간 성장하고, 나아지며, 발전해 감으로 하나님이 창조하신 아름다운 형상에 가까워지기 때문에 더욱 의미가 있습니다.

여러분 모두『안아 주심』을 통해 광야의 고통을 하나님의 품에서 지혜롭게 헤쳐 나가시기를 기도합니다. 현실이 우리를 짓누를지라도 눈에 보이는 현실에 좌절하지 말고, 눈을 들어 우리를 품에 안고 걸어가시는 하나님을 바라보는 우리 모두가 되길 축복합니다.

2007년 4월

옥한흠

목차

서문 ● 4

Part 1 삶에 지친 당신에게

당신의 눈물을 보셨습니다 ● 13

사람이 두려울 때 ● 37

근심이 나를 누를 때 ● 61

하나님이 도우시는 사람 ● 85

예수의 인내를 배우자 ● 111

Part 2 마음이 상한 당신에게

지친 영혼의 비타민 ● 143

인생이 주는 피곤 ● 167

마음이 텅 비었습니다 ● 191

두려워 말라 ● 217

안아 주심 ● 237

Part 1

삶에 지친 당신에게

하나님은 오늘도 변함없이 우리의 모든 것에 관심을 갖고 계십니다.
나의 작은 신음에도 반응하시며, 나와 함께 걷기를 원하십니다.
'세상의 어떤 것도 빼앗을 수 없는 예수님의 평안'을 받아 누리십시오.
그래서 세상이 알 수 없는 예수님의 평안을 이웃에게, 세상에 선물할 수 있는 그리스도인이 되십시오.

프롤로그

세상을 살아가면서 불안을 느끼지 않는 사람이 있을까요? 그런 사람은 전혀 없다고 생각합니다. 겉으로는 모두들 잘 살아가는 것처럼 보여도, 이런저런 이유들로 사람들은 그 마음마다 불안을 안고 살아갑니다. 살아가면서 생기는 문제들은 당신이 갖고 있는 능력 그 이상의 것을 요구합니다. 내 자녀가 어떻게 될지, 내가 앞으로 어떤 인생을 살아갈지, 내 남편의 회사는 어떻게 될지 짐작하기 어려운 내일을 걷고 있습니다. 미지의 세계에 갇혀 있는 자신을 발견하게 될 때면 불현듯 엄습하는 공포가 우리를 덮습니다.

어떻게 하면, 멈추지 않을 것 같은 불안의 쳇바퀴를 멈춰 세울 수 있을까요? 멈추고 싶다면, 정말 그것을 원한다면 우리는 예수 그리스도를 주의 깊게 주목해 볼 필요가 있습니다. 예수님의 제자들은 예수님의 십자가 사건 앞에서 두려움에 떨었습니다. 이때 예수님께서 말씀하십니다. "평안을 너희에게 끼치노니 곧 나의 평안을 너희에게 주노라 내가 너희에게 주는 것은 세상이 주는 것과 같지 아니하니라 너희는 마음에 근심하지도 말고 두려워하지도 말라."요한복음 14:27 예수님이 말씀하신 '나의 평안', 즉 죽음의 공포 앞에서도 눌리지 않던 그 평안을 제자들에게 주신다고 약속하십니다.

새벽기도를 나온 젊은 부부가 있었습니다. 이제 갓 결혼한 듯 보이는 이들 부부는 부인이 하얀 털모자를 쓰고, 마스크를 착용했기에 멀리서도 눈에 확 띄였습니다. 그녀는 남편의 팔에 기대어 찬양을 부르고 있었습니다. 멀리서 보이는 젊은 부부의 모습은 참 평안해 보였습니다. 부인이 난소암으로 투병 중이라고 했습니다. 제 마음에서 '어떻게 저렇게 얼굴에 평안한 빛이 가득할까?' 하는 질문이 맴돌았습니다. 부인은 남편과 함께 하나님을 찬양합니다. 이미 예수님께서 허락하신 '나의 평안'을 받아 누리고 있었던 것입니다.

하나님은 오늘도 어제와 변함없이 우리의 모든 것에 관심을 갖고 계십니다. 나의 작은 신음에도 반응하시며, 나와 함께 걷기를 원하십니다. '세상의 어떤 것도 빼앗을 수 없는 예수님의 평안'을 받아 누리십시오. 그래서 세상이 알 수 없는 예수님의 평안을 이웃에게, 세상에 선물할 수 있는 그리스도인이 되시기를 바랍니다.

01 » 당신의 눈물을 보셨습니다

예수님의 시선은 관 뒤를 따라오며 슬피 우는 과부에게 멈췄습니다. 그 자리에 많은 사람들이 있었지만, 예수님은 울고 있는 과부를 주목하셨다고 성경은 기록합니다. 예수님이 세상에 계실 때 가장 먼저 주목하셨던 사람은 이 세상에서 슬픔을 당한 자들이었습니다. 세상에서 고통당하는 자들, 세상에서 버림받은 자들, 실패한 자들입니다. 병든 자들입니다. 주님의 눈길이 머무는 곳에는 언제나 인생의 무거운 짐을 지고 고통당하는 사람들이 있었습니다.

그 후에 예수께서 나인이란 성으로 가실새
제자와 많은 무리가 동행하더니
성문에 가까이 이르실 때에 사람들이 한 죽은 자를 메고 나오니
이는 한 어머니의 독자요 그의 어머니는 과부라
그 성의 많은 사람도 그와 함께 나오거늘
주께서 과부를 보시고 불쌍히 여기사 울지 말라 하시고
가까이 가서 그 관에 손을 대시니 멘 자들이 서는지라
예수께서 이르시되 청년아 내가 네게 말하노니 일어나라 하시매
죽었던 자가 일어나 앉고 말도 하거늘
예수께서 그를 어머니에게 주시니
모든 사람이 두려워하며 하나님께 영광을 돌려 이르되
큰 선지자가 우리 가운데 일어나셨다 하고
또 하나님께서 자기 백성을 돌보셨다 하더라
예수께 대한 이 소문이 온 유대와 사방에 두루 퍼지니라

_ 누가복음 7:11-17

나인 성 여인

관을 따라 쭉 이어진 장례 행렬 속에 울고 있는 한 여인이 보입니다. 갈릴리 바닷가 가버나움이라는 동네에서 남쪽으로 하룻길쯤 가면 나오는 골짜기가 있는데, 바로 그곳에 자리 잡은 나인 성에서의 일입니다.

그 아름다운 동네에 한 여인이 살고 있었습니다. 아마 처녀 때는 아름다운 여인이었겠죠? 그녀는 마음에 드는 남자를 만나서 사랑하게 되었고, 결혼도 하였습니다. 그리고 얼마 후 아들이 태어났습니다. 아마 인생에 있어서 가장 달콤한 시기가 있다면, 갓 결혼해서 자녀를 낳았을 때일 것입니다. 아이들이 재롱부리는 것을 보면서 젊은 부부가 오순도순 살아가는 그때가 가장 행복한 시기라고 해도 과언은 아닐 것입니다. 이 여인도 그랬습니다. 행복한 앞날만이 있을 거라고 생각하면서, 부푼 꿈에 가득 찬 하루하루를 보냈습니다.

그러던 어느 날, 느닷없이 남편이 세상을 떠났습니다. 행복했던 이 여인은 하루아침에 과부가 되었습니다. 요즘 세상과는 달리, 당시에는 여자가 남편을 잃었다는 것은 앞날에 엄청난 시련과 극심한 가난, 혹독한 고독이 기다리고 있다는 것을 전제합니다. 얼마나 많은 눈물을 흘리면서 하루하루를 보냈겠습니까? 그래도 그녀에게는 한가닥 희망이 있었습니다. 그것은 바로 무럭무럭 자라고 있는 어린 아들이었습니다. 그녀는 고생인 줄도 모르고 최선을 다해 아들을 키웠습니다. 예수님이 과부의 죽은 아들을 향해 "청년아"누가복음 7:14라고 부른 것으로 보아, 아마도 그녀의 아들은 성인에 가까운 나이가 되었던 것 같습니다. 장성한 아들을 보며 어머니로서 얼마나 마음이 든든하고 큰 꿈에 부풀었겠습니까? '이제는 가정에 기둥이 생겼구나. 이제는 기대고 살 만한 기둥이 생겼어' 하는 안도의 한숨과 함께 마음에 위로를 받았을 것입니다.

그런데 어찌된 영문인지 그 아들마저 세상을 떠났습니다. 이 여인은 남편을 잃고, 그녀의 모든 꿈이었던 아들마저 잃는 설상가상의 화를 당했습니다. 아들을 잃은 슬픔 앞에 그녀는 울고 싶어도 더 짜낼 눈물이 없을 만큼 많이 울었을 것입니다. 우리는 지금 그런 여인을 보고 있습니다.

동네사람들은 사람이 죽었다는 이야기를 듣고 모여들었습니다. 속으로 '이 여자, 무슨 죄가 많길래 이렇게 팔자가 사납담? 남편 먼저 보내더니 이제는 하나밖에 없는 아들까지 떠나 버렸네' 이런 생각을 하면서 장례 준비를 거들었을 것입니다.

시체를 마루에 눕혀 놓고 머리를 반듯하게 빗겨 줍니다. 그런 다음 가장 좋은 새 옷을 입히고, 갈대로 정성껏 만든 관에다가 시체를 누이고 두 손을 꼭 모아 놓습니다. 이것이 이 나라의 입관 절차입니다. 장례식은 당일에 치릅니다. 하룻밤을 더 보내지도 않고, 오후 5시나 6시쯤 되면 죽은 자가 누워 있는 관을 메고 나갑니다. 장례 행렬의 맨 앞쪽에는 여자들을 세웁니다. '이 세상에 죽음이 들어온 이유는 여자가 먼저 하나님의 명령을 어기고 죄를 범했기 때문이다'는 것을 보여 주기 위해서입니다. 남자들은 관을 메고 그 뒤를 따라갑니다. 또 그 뒤에는 돈을 주고 불러온 호곡꾼들이 피리를 불고 곡을 하면서 따라갑니다. 장지라고 해봐야 동네에서 한 20, 30분이면 도달할 수 있는 곳에 있습니다. 이제 청년의 장례 행렬이 동네를 지나 성문 밖으로 빠져나갑니다.

울지 말라

이때 예수님은 많은 무리를 이끌고 나인 성을 향해 걸어오고 있었습니다. 예수님이 성 가까이에 이르렀을 때, 마침 장례 행렬은 성문을 빠져나오고 있었습니다. 지금 이 장면을 머릿속에 그려 봅시다. 생명의 주, 하나님의 아들이 많은 무리를 이끌고 나인 성을 향해 오고 있습니다. 그 반대편에는 죽음의 사신인 사탄이 이끄는 죽음의 행렬이 다가오고 있습니다. 두 행렬이 마주칩니다. 생명과 죽음의 만남입니다. 이것은 과연 생명과 죽음의 대결입니다. 이 얼마나 의미 있는 대결입니까!

예수님은 이런 상황에서 어떻게 하셔야 될 것 같습니까? 생명의 주인이신 예수님, 죽음을 정복하기 위해 세상에 오신 구세주 예수님이 과연 이 순간에 어떻게 하셨을까요? 피하셨을까요? 아니면 청년의 장례 행렬이 지나가도록 길가에 비켜서서 기다리셨을까요? 예수님은 우리의 기대를 저버리지 않으셨습니다. 예수님은 정면 대결을 택하셨습니다.

예수님의 시선은 관 뒤를 따라오며 슬피 우는 과부에게 머물렀습니다. 그 자리에 많은 사람들이 있었지만, 예수님은 울고 있는 과부를 주목하셨다고 성경은 기록합니다. 예수님이 세상에 계실 때 가장 먼저 주목하셨던 사람들은 이 세상에서 슬픔을 당한 자들이었습니다. 세상에서 고통당하는 자들, 세상에서 버림받은 자들입니다. 실패한 자들입니다. 병든 자들입니다. 4복음서를 살펴보면 '예수께서 보셨다'는 말이 한 40번 정도 나옵니다. 그때마다 주님의 눈길이 머무는 곳에는 인생의 무거운 짐을 지고 고통당하는 사람들이 있었습니다.

늘 그렇듯이 예수님은 먼저 이 과부를 보셨습니다. 그리고 불쌍히 여기셨습니다. 예수님은 인생의 고통을 안고 씨름하는 자에 민감하십니다. 예수님의 마음은 항상 사랑의 만조를 이루고 있기 때문입니다. 바다가 만조를 이루면 온 해변이 바닷물로 덮이는 것처럼 우리를 향해 만조를 이룬 예수님의 사랑은 고통당하는 자들을 가장 먼저 덮습니다. 예수님은 그렇게 그들의 아픔에 동참하고, 그 아픔을 그대로 느끼셨습니다. '이 여인이 얼마나 슬플까. 그 마음이 얼마나 찢어질까. 얼마나 두려울까. 얼마나 자기 신세를 한탄하고 있을까.' 예수님은 굳이 설명을 듣지 않아도 과부의 처지를 다 알고 계셨고, 과부의 괴로움과 아픔에 자기 마음을 내주셨습니다. 이것이 '긍휼'입니다.

울고 있는 과부를 보고 주님이 조용히 말씀하십니다. "울지 말라." 예수님의 위로는 빈말이 아니었습니다. 우리는 흔히 슬픔을 당한 사람을 볼 때, 자기도 모르게 "울지 마, 울지 마"라고 말하곤 합니다. 그것은 어찌할 수 없어서 하는 위로입니다. 그 고통을 대신 해결해 줄 수 없기 때문에 그렇습니다. 하지만 예수님은 빈말로 "울지 말라"고 하신 것이 아닙니다. 예수님은 분명히 그 과부의 눈에서 흐르는 눈물을 씻어 주겠다고 약속하셨습니다.

이는 마치 예레미야 선지자가 대언하는 하나님의 음성과 비슷합니다. "여호와께서 이와 같이 말씀하시니라 네 울음소리와 네 눈물을 멈추어라…너의 장래에 소망이 있을 것이라." 예레미야 31:16-17상 예수님은 지금 이 여인에게 이 말씀을 하고 계신 것입니다. "울지 말라, 너의 장래에 소망이 있을 것이라."

이어 예수님이 청년의 관에 손을 대시자 관을 메고 가던 자들이 그 걸음을 멈추어 섰습니다. 예수님이 명령하십니다. "청년아 내가 네게 말하노니 일어나라." 그러자 죽었던 청년이 관 속에서 일어나 앉습니다. 예수님이 그 청년을 과부에게로 이끄십니다. 예수님은 과부의 눈물이 변하여 기쁨이 되게 하셨고, 슬픔이 변하여 춤이 되게 하셨습니다. 예수님은 슬픔의 근본을 해결해 주심으로 그녀를 위로하셨습니다.

생명의 주인

나인 성 과부 이야기는 참으로 아름다운 사건입니다. 예수님이 이 사건을 통해 우리에게 보여 주고자 하시는 것이 있습니다. 우리 중에는 남편을 먼저 보내고, 하나밖에 없는 아들까지 잃고 비탄에 잠긴 과부와 같은 사람이 그리 많지 않을 것입니다. 설혹 그런 사람이 있다 해도 예수님이 당장 그 아들을 무덤에서 일으켜 주시는 일은 흔치 않습니다. 나인 성 과부와 같은 일이 지금 우리에게 모두 동일하게 적용되는 것은 아닙니다. 하지만 예수님께서 이 사건을 통해 우리 각자에게 알려 주시고자 하는 진리가 있습니다. 하나님은 성경의 어느 한 구절도 그냥 기록해 놓으신 것이 없습니다.

그렇다면 왜 예수님은 이런 기적을 일으키셨을까요? 이 이야기에는 근본적인 목적이 있습니다. 예수님은 성문 앞에서 죽음의 사자들과 만났습니다. 생명의 주인이신 예수님은 죽음의 사자들 앞에서 생명의 능력을 보이셔야 했습니다. 그냥 피해 갈 수 없었습니다. 온 세상 앞에서 예수 그리스도만이 죽음을 이기신 생명의 주시요, 하나님 되심을 선포하는 것이 이 사건의 주된 목적입니다. 이는 예수님께서 온 세상을 향해서 '나는 죽음을 이기었노라, 나는 생명의 주가 되느니라'고 선언하는 큰 사건이었습니다. 예수님은 "청년아 내가 네게 말하노니 일어나라" 누가복음 7:14하 하고 외치셨고, 바로 그때에 죽었던 자가 일어난 것입니다.

죽음의 사자인 사탄은 장례 행렬을 이끌고 나오며 의기양양했을 것입니다. 죽은 청년의 시체를 끌고 나올 때, 사탄은 자신만이 이 세상에서 가장 힘 있는 군주라고 생각했을 것입니다. 그러나 바로 그 자리에서 생명의 주인이신 예수님과 마주치게 되었습니다. 예수님께서 "청년아 일어나라"고 선포하셨을 때 사탄은 아무 손도 쓸 수 없었습니다. 청년을 붙들 수도, 죽음에 그대로 묶어 둘 수도 없었습니다. 주님이 명령하시자 관 속에 누워 있던 청년은 죽음을 이기고 일어났습니다. 사탄은 결국 항복할 수밖에 없었습니다.

성경은 "이를 위하여 그리스도께서 죽었다가 다시 살아나셨으니 곧 죽은 자와 산 자의 주가 되려 하심이라" 로마서 14:9 고 선포하고 있습니다. 또 "(주가) 이제 세세토록 살아 있어 사망과 음부의 열쇠를 가졌노니" 요한계시록 1:18하 라고 합니다. 예수님은 친히 스스로 "나는 부활이요 생명이니 나를 믿는 자는 죽어도 살겠고 무릇 살아서 나를 믿는 자는 영원히 죽지 아니하리니"

요한복음 11:25-26라고 말씀하셨습니다. 그러므로 예수를 믿는 우리에게 사실상 죽음이란 존재하지 않습니다.

  육신의 죽음은 영원한 생명으로 옮기기 위한 하나의 과정에 지나지 않습니다. 찬송가에도 나오듯이 요단 강을 건너가는 과정입니다. 요단 강을 건넌다는 것은 이편에서 저편으로 옮겨가는 짧은 과정인 것입니다. 이것이 바로 믿는 자에게 있는 '육신의 죽음' 입니다.

  믿는 자에게 있어 진정한 죽음은 이미 떠나갔습니다. 십자가에서 부활하신 예수 그리스도께서 죽음을 정복하셨기 때문입니다. "그리스도 안에서 모든 사람이 삶을 얻으리라." 고린도전서 15:22하 믿음의 조상 아브라함도 살아 있습니다. 이삭도 살아 있습니다. 야곱도 살아 있습니다. 그러므로 우리도 예수 그리스도 안에서 영원히 사는 것입니다. 하나님 안에 있는 모든 사람은 산 자이지, 죽은 자가 아닙니다.

  먼저 사랑하는 남편을 하나님 앞으로 떠나보냈거나 어린 자녀를 하나님 앞에 보낸 분이 있다면, 우리는 인간이기에 사랑하는 사람이 곁에 없다는 사실로 슬퍼할 수 있습니다. 하지만 먼저 간 그들은 죽은 자가 아닙니다. 예수님은 죽은 자를 보고 항상 '죽지 않았다' 고 말씀하셨습니다. 항상 "잔다" 마태복음 9:24라고 말씀하셨습니다. 실제로 그들은 영원한 생명을 받아 누리며, 하나님 품에서 살고 있습니다. 우리도 다 그곳으로 갈 것입니다.

그렇습니다. 예수 그리스도가 놀라운 생명의 주이심을 선포하는 것이 나인 성 과부의 아들을 살리신 사건의 목적이었습니다. 아직도 예수를 믿지 않는 사람이 있다면, 이 죽음의 문제를 어떻게 해결할 것인지 묻고 싶습니다. 죽음의 문제를 해결하지 않고서 어찌 남은 인생을 마음 놓고 살 수 있습니까? 예수 그리스도를 믿고, 산 자와 죽은 자의 주가 되시는 그분께 우리 인생을 모두 맡겨야 합니다. 이미 죽음을 정복하신 그분께만 영원한 생명이 있기 때문입니다.

우는 자를 눈여겨보시다

나인 성 과부의 아들을 살리신 기적이 주는 교훈이 '예수 그리스도가 생명의 주가 되신다'는 그 하나만은 아닙니다. 나인 성 과부의 아들을 살리신 사건으로 예수님은 우리에게 그분의 성품 두 가지를 보여 주십니다.

그 첫 번째는 예수님이 울고 있는 과부를 주목하셨다는 것입니다. 그리고 지금 울고 있는 우리도 눈여겨보신다는 것입니다. 우리 중에 단 한 번도 눈물을 흘리지 않고 세상을 살아온 사람은 아무도 없을 것입니다. 위대한 설교자 스펄전은 이런 재미있는 질문을 했습니다. "하나님이 눈물을 흘리지 않는 자녀를 두신 일이 있습니까?" 하나님이 죄 없는 자녀를 두신 일은 한 번 있습니다. 그분은 예수 그리스도십니다. 그런 예수님도 세상에 계실 동안 몇 번을 우셨습니다.

눈물이란 말문이 턱 막힐 때 터지는 것입니다. 말로 표현할 수 없는 어떤 벅찬 감격이나 슬픔에 휩싸일 때 자연스럽게 나오는 반응이 눈물입니다. 이런 의미에서 눈물은 그 자체로 완벽한 언어라고 할 수 있습니다. 통역할 필요도 없습니다. 설명할 필요도 없습니다. 눈물 그 자체로 완벽한 표현이 됩니다.

혹자는 인생을 '고통의 바다'라고 합니다. 인생은 고통과 슬픔의 파도가 몰아치는 먼 항해 길과 같습니다. 어찌 눈물이 없을 수 있겠습니까? 인간은 태어날 때부터 울음으로 인생을 시작합니다. 그리고 죽을 때는 두 눈에 눈물이 고인 채 숨을 거두는 것을 볼 수 있습니다. 눈물을 부끄럽게 여길 필요가 없습니다. 눈물 흘리는 것은 수치스러운 일이 아닙니다. 세상 문화 이면에는 우는 것을 천시하는 경향이 짙게 깔려 있습니다. 이것은 잘못된 문화입니다. 슬퍼도 슬프지 않은 척 노력하는 것은 가식이고, 힘들어도 힘들지 않은 것처럼 행동하는 것은 위선입니다. 울고 싶을 때는 맘껏 울어야 합니다. 우는 것은 인생 본연의 모습 중 하나입니다.

이 세상을 봅시다. 구석구석을 살펴보면 눈물 없이는 볼 수 없는 처참한 일들이 너무 많습니다. 내가 아무리 평안하다 해도, 어려움이 없다 해도, 형통한 인생을 산다고 할지라도 눈을 돌려 고통당하는 내 주변, 내 이웃들을 살펴보면 생각이 달라집니다. 조금만 주위를 둘러보아도 눈물 없이 바라볼 수 없는 참혹한 일들이 너무 많이 일어나고 있습니다. 하나님의 아들인 예수님도 세상에 계실 때 우셨습니다. 이런 세상에서 우리가 눈물 없이 살기란 참 어렵습니다.

일제 강점 하에서 고달픈 신앙생활을 하던 우리 조상들은 예배당에 모였다 하면 울었습니다. 하나님 앞에 무릎 꿇고 통성 기도를 시작하면 어느새 그 기도는 통곡으로 바뀌어 있습니다. 6·25 사변이 터져 비참하게 하루하루 살아가던 우리 부모들은 조상들이 울던 그 장소에서 또다시 통곡했습니다. 하나님 앞에 가는 것은 울기 위해서라고 생각할 정도로 그들 안에는 눈물이 가득했습니다. 그러니 예배시간이 울음바다가 되는 일은 다반사였습니다.

설교를 듣고 은혜 받아 우는 것보다 인생의 무거운 짐이 너무 괴로웠기 때문에 그 슬픔과 한을 주님께 풀어놓았습니다. 예수님의 이름을 부르면서 울고, 찬송하면서 울고, 기도하면서 울고, 서로 붙들고 울고, 그러면서 위로를 받았고, 그러면서 주님의 손길을 체험했습니다. 그 힘을 가지고 험한 세상을 헤쳐 나갔습니다.

우는 것은 부끄러운 일이 아닙니다. 주님은 우리의 눈물을 귀히 여기십니다. 우는 자를 주목하십니다. 우리 가운데 남모르게 우는 사람이 참 많을 것입니다. 반드시 기억하십시오. 여러분이 울고 있을 때, 주님이 여러분을 주목하십니다. 다 보고 계십니다.

다윗은 하나님 앞에 이렇게 기도했습니다. "나의 눈물을 주의 병에 담으소서."시편 56:8 참 재미있는 기도입니다. 참 인간적인 표현입니다. 다윗은 젊은 나이에 10년이 넘도록 많은 수모와 모함과 고통을 당하며 쫓겨 다녔습니다. 그의 삶은 매일 울다시피 하는 인생일 수밖에 없었습니다. 우리는 시편을 통해 다윗의 우는 장면을 자주 목격하게 됩니다.

다윗은 "나는 하나님의 사랑받는 자녀다. 사람들은 나의 눈물을 보지 않는다 할지라도 주님은 나의 눈물을 반드시 보고 계시고, 관심을 갖고 소중히 여기실 것이다"라는 믿음을 가지고 하나님 앞에서 울었습니다. 그렇기 때문에 다윗은 이런 기도를 할 수 있었습니다. "주여, 나의 눈물을 주님의 병에 담아 두소서. 주님의 아들이 울고 있습니다. 내 눈물을 주의 병에 담으시고 기억하소서. 내 눈물을 잊지 마소서!" 하나님이 그 기도를 들으셨고, 다윗의 눈물이 변하여 춤이 되게 하셨다는 해피엔딩을 우리는 잘 알고 있습니다.

어린아이가 닭똥 같은 눈물을 뚝뚝 흘리고 있을 때 그 광경을 보는 부모의 마음은 내 아이가 흘리는 눈물의 이유에 쏠리게 됩니다. 자녀의 눈물에 부모의 마음이 움직일 수밖에 없습니다. 이와 마찬가지로 우리가 울고 있으면 하나님의 마음이 움직입니다.

우리는 성경의 인물 가운데 히스기야를 잘 알고 있습니다. 죽을병에 걸린 히스기야가 이제 더는 살 수 없다는 말을 들었을 때, 벽을 바라보며 하나님께 대성통곡했습니다. 그때 하나님이 이사야를 통해 이런 말씀을 다시 전했습니다. "너는 가서 히스기야에게 이르기를…내가 네 기도를 들었고 네 눈물을 보았노라 내가 네 수한에 십오 년을 더하고." 이사야 38:5 하나님은 우리의 눈물을 눈여겨보고 계십니다. 눈물은 큰 능력이 있습니다. 눈물의 기도는 하나님의 마음과 그 보좌를 움직입니다.

상한 갈대

제가 사랑의교회를 담임할 때의 이야기입니다. 우리 교회에 심방을 열심히 하는 한 부목사가 있었습니다. 우리 교회에 부임하기 전에 강남이 아닌 다른 지역에 살던 그는 강남은 다른 지역과는 좀 다를 거라고 생각했답니다. 강남이야말로 성공한 사람들이 모여 사는 고급 주택들이 즐비한 곳이고 형편이 어려운 사람을 찾아 보기 힘든 부촌이라고 생각했답니다. 그런 그가 우리 교회에 부임해서 담당 구역들을 돌아보고는 저에게 이런 편지를 썼습니다. "목사님, 강남이라는 곳이 겉모습과 다르게 속으로는 많은 아픔을 끌어안고 있다는 사실에 놀라움을 금할 수가 없습니다. 가정마다 아픔이 많았습니다. 눈물이 마를 날이 없고, 한숨이 없는 가정이 거의 없습니다."

그는 편지에서 몇 가지 사례를 들었습니다. 카드 빚을 갚느라 부부가 밤낮으로 뛰고 있지만 해결되지 않아 허덕이는 가정이 수두룩했고, 지하나 옥상에 있는 조그마한 단칸방에서 근근이 살아가는 가족도 있었습니다. 그런가 하면, 경제적으로는 안정되었지만 툭하면 자녀가 가출하는 바람에 부모의 얼굴에는 수심이 가득하고, 눈물 마를 날이 없는 가정도 있었습니다. 남편이 실직해서 아내가 대신 일거리를 찾아 동분서주하는 가정도 있었고, 살 만하니까 남편이 다른 여자와 바람을 피우고 살림을 차려서 그 남편을 두고 벌써 2년이 넘도록 눈물, 콧물 흘려 가며 하나님 앞에 통곡하는 부인도 있었습니다. 이런 갖가지 고통의 상황들을 돌아보면서 그 목사는 참 많이 놀랐던 것 같습니다.

세상에서 성공해서 소위 잘나간다고 하는 사람들 중에는 예수님을 믿지 않는 사람이 많이 있습니다. 이들은 예수님이 꼭 필요하지 않다고 생각하며 자기 자신을 믿고 삽니다. 그러나 교회를 찾아오고 예수를 믿어 보겠다고 하는 사람들 중에는 고통과 눈물을 안고 있는 사람들이 많습니다. 강남에서, 특히 교회를 다니는 사람들 중에서 인생의 밑바닥을 경험하고 고통에

허덕이는 사람들이 더 많다는 말입니다.

우리 주변에 있는 어려움에 처한 이웃들을 보면, 마치 예수님이 비유로 말씀하신 상한 갈대, 꺼져 가는 심지와 같다는 생각이 듭니다. 갈대는 강기슭에 주로 자라는 풀로 다른 풀과 비교가 안 될 정도로 키가 큽니다. 한참 잎이 파랗게 뻗어날 때는 정말 매력적인 광경이 연출됩니다. 운치 있습니다. 당당합니다.

인생을 살아갈 때 한순간은 이런 갈대와 같이 우리의 모습이 화려할 때가 있습니다. 승승장구할 때가 있습니다. 다른 사람보다 빨리 진급합니다. 가정이 평안합니다. 젊음의 아름다움을 마음껏 즐길 수 있는 여건이 마련되어 있습니다. 모든 사람의 부러움을 삽니다. 당당한 갈대의 모습입니다. 그러나 어느새 그 갈대는 상해 있고, 한순간에 꺾여 버립니다.

꺼져 가는 심지가 뭔지 요즘 젊은이들은 상상하기 어려울지도 모르겠습니다. 하지만 제 연배와 비슷한 사람들은 꺼져 가는 심지가 무엇인지 잘 알 것입니다. 기름이 점점 말라 없어지거나 심지가 오래 타서 못 쓰게 되면 불을 켜 놓아도 불꽃이 점점 시들어집니다. 문이 살짝 열려 바람이라도 들어오면 바로 꺼질 듯 희미합니다. 죽기 일보 직전입니다. 소망이 거의 없는 존재입니다. 바람이 조금이라도 불어오면 이제 다시는 소생할 수 없는 나약한 모습, 이것이 꺼져 가는 심지입니다.

상한 갈대와 같은 사람들, 꺼져 가는 심지와 같은 사람들이 우리 중에도 정말 많이 있습니다. 지금도 이런 사람들은 말할 수 없는 고통에 눈물을 흘리고 있을 것입니다. 어쩌면 아무도 보지 않는 곳에서 숨죽이며 울고 있을지도 모릅니다. 암담한 현실 앞에서 나오는 눈물에는 남녀의 구별이 없습니다.

갈대가 상해서 꺾이면 사람들은 아무도 그 갈대에 신경 쓰지 않습니다. 무심코 꺾인 갈대를 밟고 지나갑니다. 우리는 40대에든 50대에든 아니면 30대에라도 상한 갈대처럼 꺾일 수 있습니다. 아마 그 순간에 세상이 얼마나 야박한 곳인지 알게 될 것입니다. 사람들은 꺾여 버린 자에게 쌀쌀맞게 등을 돌립니다. 비정하게 그를 밟고 지나갑니다. 이것이 세상입니다.

그러나 예수님은 다릅니다. "(주님은) 상한 갈대를 꺾지 아니하며 꺼져가는 심지를 끄지 아니(하신다)"^{마태복음 12:20상}는 말씀으로 우리를 위로해 주십니다. 주님은 상한 갈대와 같은 우리를, 다 꺼져 가는 심지와 같은 우리를 품에 안으시고 나지막한 목소리로 달래 주십니다.

눈물을 씻어 주시는 분

과연 예수님이 우리를 위로하시고, 우리의 눈물을 씻겨 주실까요? 과부의 경우처럼 당장 관에서 죽은 아들을 살려 주실까요? 모든 사람에게 그런 일이 동일하게 일어나는 것은 아닙니다.

하지만 아파하는 이들에게 동일하게 역사하시는 주님의 방법이 있습니다. 이 세상을 사는 동안 고통당하는 우리를 위로하시는 두 가지 말씀이 있습니다.

하나는 "우리는 긍휼하심을 받고 때를 따라 돕는 은혜를 얻기 위하여 은혜의 보좌 앞에 담대히 나아갈 것이니라" 히브리서 4:16는 말씀입니다. 긍휼이 많으신 주님은 나와 나의 필요에 대해 어느 누구보다도 잘 아시기 때문에, 정확한 때에 도와주시기 위해 늘 은혜를 준비하고 계십니다. 주님께 간구하면, 때를 따라서 채우시며 위로해 주시는 손길이 항상 우리 곁에 있음을 알게 될 것입니다. 자비로우신 하나님은 울고 있는 당신을 주목하시고, 당신의 눈물을 소중히 여기시며 "울지 말라"고 위로하십니다. 더 나아가 우리의 문제가 어디에 있는지를 아시고, 정확한 때에 필요한 은혜를 허락해 주십니다. 예수 그리스도는 우리 눈의 눈물을 씻어 주시는 분이십니다.

다른 하나는 "우리가 알거니와 하나님을 사랑하는 자 곧 그의 뜻대로 부르심을 입은 자들에게는 모든 것이 합력하여 선을 이루느니라" 로마서 8:28는 말씀입니다. 모든 것이 합력하여 선을 이룬다는 것은 굉장히 큰 그림을 말합니다. 이 그림은 우리가 금방 알아볼 수 없습니다. 어떤 사람이 인생의 큰 풍랑을 만났습니다. 정신을 차릴 수가 없습니다. 1년이 지나도, 2년이 지나도, 3년이 지나도 문제는 해결되지 않습니다. 아무리 기도해도 하나님은 들어주시지 않습니다. 어떤 때는 하나님이 계시지 않은 것이 아닌가 하는 의심에 시달릴 때도 있습니다. 정신을 차릴 수 없는 어려움이 몰아칩니다.

주님이 위로하시지 않는 것일까요? 눈물을 씻어 주시지 않는 것일까요? 그렇지 않습니다. 지금 당장은 정신을 차릴 수 없고 해답을 알 수 없지만, 모든 것을 합력하여 선을 이루시는 하나님은 큰 그림을 가지고 우리의 인생을 바라보고 계십니다. 우리는 그것에 주목해야 합니다. 이 큰 그림을 완성하기까지 시간이 많이 걸릴 수도 있습니다. 어떤 때는 우리 당대에서 보지 못하고 다음 세대로 넘어갈 수도 있습니다. 그러나 하나님께서 우리를 위하여 아름답고 선한 뜻과 큰 계획을 갖고 계신다는 것을 신뢰해야 합니다.

구약성경의 룻기를 보면 '나오미'라는 여성이 나옵니다. 이 이름의 뜻은 '희락'입니다. 참 좋은 이름인데 반해 그녀의 인생은 너무 기구합니다. 그녀는 흉년을 만나자 좀 더 잘살아 보려고 남편을 따라 아들 둘을 데리고 모압으로 이민을 갔습니다. 거기서 10년을 사는 동안 두 아들은 모압 여성과 결혼을 했습니다. 한동안 나오미는 행복한 가정의 어머니로 살았습니다.

그러나 모압으로 이민온 지 10년 만에 남편이 죽어 과부가 되었고, 얼마 지나지 않아 큰아들과 작은아들이 차례로 세상을 떠났습니다. 그렇게 집안의 남자들이 전부 다 죽었습니다. 그 사실만으로도 처절하고 슬픈데 사람들에게 저주받은 집안이라고 손가락질까지 당했을 것입니다. 집안에는 20대 초반이나 10대 후반쯤 되었을 법한 어린 자부 둘과 나오미, 이렇게 과부 셋만 고스란히 남았습니다.

우리는 이런 가정이 하나님께 복을 받았다고 감히 말할 수 없을 것입니다. 하지만 룻기를 읽어 보면 모든 것이 합력하여 선을 이루게 하시는 하나님의 큰 그림을 볼 수 있습니다. 왜 그런 고통과 아픔의 눈물을 겪어야 했는지, 하나님은 당장 그 답을 주시지 않습니다.

나오미는 자부 룻과 함께 고향으로 돌아왔습니다. 나중에 룻은 재혼을 하고 아들을 낳게 되는데, 그 아들이 오벳입니다. 오벳은 다윗 왕의 할아버지입니다. 이스라엘의 왕통이 과부 둘을 통해 이어지고, 그 혈통에서 인류를 구원하실 예수 그리스도가 이 세상에 나셨습니다.

만약 나오미에게 그런 끔찍한 비극이 없었다면, 다윗 왕의 할아버지가 그 가족 가운데 나올 확률은 전혀 없는 일이었습니다. 그 같은 비극을 통해서도 하나님은 다윗 왕의 혈통을 조성하고 계셨습니다. 인류를 구원하실 구원의 길을 닦고 계셨던 것입니다. 이것은 너무나 엄청난 계획이었기 때문에 나오미로서는 상상조차 할 수 없었던 일입니다. 이 비밀에 대해 당시 어느 누구도 알 수 없었습니다. 그러나 하나님은 그 가운데 선한 뜻을 품고 계셨고, 그 계획을 이루셨습니다.

눈물이 눈물로 끝나지 않게 하신다

믿지 않는 사람들보다 믿는 사람들 중에 고생하는 사람이 더 많아 보입니다. 신앙이 좋음에도 불구하고 눈물 마를 날이 없는 인생을 사는 사람들도 많습니다. 하지만 하나님께서는 우리에게 약속하셨습니다. 때를 따라 돕는 은혜를 주시든지, 모든 것이 합력하여 선을 이루는 큰 계획 속에 한 부분이 되게 하시든지, 아니면 두 가지 모두를 주신다고 하셨습니다.

우리 교회 교역자 가운데 젊은 나이에 세상을 떠난 목회자의 아들이 있습니다. 그의 아버지는 가난한 교역자 시절에 은혜를 더 받기 위해 어린 자녀들과 아내를 두고 40일 금식 기도를 하러 산으로 갔습니다. 하지만 금식 기도를 마치고 나서 그만 죽고 말았습니다. 금식 기도를 40일이나 했으면 성령이 충만해져서 펄펄 뛰어내려오거나, 무슨 능력을 얻어서 굉장한 종이 되어야 하는데, 금식 기도 후에 죽었답니다. 그것도 목사가 말입니다.

수십 년 전에 일어난 사건이지만, 크게 보면 거기에는 하나님의 선한 뜻이 있었습니다. 모든 것이 합력하여 선을 이루게 하시는 하나님의 큰 그림이 있었습니다. 지금 우리는 목사가 된 그의 아들을 보고 있습니다. 하나님이 그를 어떻게 사용하실지 모릅니다. 아니, 큰 일꾼이 될 엄청난 조짐이 벌써 보이고 있습니다.

하나님은 절대로 우리의 눈물이 눈물로 끝나지 않게 하십니다. 인생이 비록 초라하고 보잘것없이 느껴질지라도 예수의 이름을 부르는 자는, 주님을 의지하고 인생을 영위하는 자는 눈물이 눈물로 끝나지 않는다는 사실을 기억하십시오. 반드시 거기에는 열매가 있습니다.

지금 눈물의 나날을 보내는 이가 있다면, 그 눈물을 귀중히 여기시는 주님을 신뢰하며 그분 앞에 나아가십시오. "울지 말라"고 말씀하시는 주님께 집중하십시오. 하나님 안에는 실패가 없을 뿐만 아니라 최후 승리가 있습니다. 주님이 주시는 영광스러운 내일이 있을 뿐입니다.

여호와께서 이와 같이 말씀하시니라
네 울음소리와 네 눈물을 멈추어라…
너의 장래에 소망이 있을 것이라

_ 예레미야 31 : 16-17상

02》 사람이 두려울 때

사람이 가장 잔인해지는 때가 언제인가 하면 바로 혀를 가지고 사람을 죽일 때입니다. 혀는 참으로 부드럽습니다. 그런데 이 혀가 얼마나 무서운지, 칼의 날카로움보다 더 날카롭게 찌르기도 합니다. 다윗은 지금 구시한테 모함과 입에 담기조차 어려운 저주와 비난을 듣고 있습니다. 한마디 말로 치명타를 입히는 구시는 마치 사자와도 같습니다. 사실 인간은 사자보다 더 잔혹합니다. 사자는 인격을 해치지는 못합니다. 기껏 해봐야 육체에 상처를 주거나 해칠 뿐입니다. 그러나 사람의 혀에서 나오는 모함이나 비난, 수군거림이나 공박은 우리 마음 깊은 곳에 쓰라린 상처를 냅니다.

여호와 내 하나님이여 내가 주께 피하오니
나를 쫓아오는 모든 자들에게서 나를 구원하여 내소서
건져낼 자가 없으면 그들이 사자 같이 나를 찢고 뜯을까 하나이다
여호와 내 하나님이여 내가 이런 일을 행하였거나 내 손에 죄악이 있거나
화친한 자를 악으로 갚았거나 내 대적에게서 까닭 없이 빼앗았거든
원수가 나의 영혼을 쫓아 잡아 내 생명을 땅에 짓밟게 하고
내 영광을 먼지 속에 살게 하소서 (셀라)
여호와여 진노로 일어나사 내 대적들의 노를 막으시며 나를 위하여 깨소서
주께서 심판을 명령하셨나이다
민족들의 모임이 주를 두르게 하시고 그 위 높은 자리에 돌아오소서
여호와께서 만민에게 심판을 행하시오니
여호와여 나의 의와 나의 성실함을 따라 나를 심판하소서
악인의 악을 끊고 의인을 세우소서
의로우신 하나님이 사람의 마음과 양심을 감찰하시나이다
나의 방패는 마음이 정직한 자를 구원하시는 하나님께 있도다

_ 시편 7:1-10

분별의 지혜

성경에서는 인생을 나그넷길이라고 표현하고 있습니다. 우리 모두는 지금 그 길 위를 걸어가고 있습니다. 모퉁이를 돌아설 때면 우리는 잘 보이지 않는 불투명한 미래를 좀 더 잘 보려고 안간힘을 씁니다. 하지만 예상치도 못했던 일들이 복병처럼 나타나 우리의 생각과는 점점 다른 길로 가게 됩니다. 이렇게 예기치 못한 불안감이 산재해 있습니다.

이 나그넷길에서 우리를 참으로 무섭게 하는 것이 무엇입니까? 질병입니까? 천재지변입니까? 아니면 불의의 사고입니까? 물론 이 모든 것도 우리를 두렵게 하고 불안하게 합니다. 하지만 성경을 비추어 볼 때 우리가 정말 두려워해야 할 대상은 사람입니다. 사람만큼 무서운 것이 없습니다. 우리 주변에 있는 사람들이 모두 선하지만은 않습니다. 선한 것처럼 가장하면서도 근본적으로 몹시 잔혹한 사람들도 많습니다. 사람이 얼마나 무서운 존재인가에 대해 성경은 놀라울 정도로 많은 증거를 가지고 있습니다.

인생의 지혜를 가르쳐 주는 잠언서를 보면 처음부터 선한 사람, 악한 사람을 잘 가려서 택하는 것이 지혜라고 나와 있습니다. 주의해야 될 사람이 누구인지, 멀리해야 될 사람이 누구인지 잘 분별하여 선택하도록 사람을 다각도로 잘 구분해 놓았습니다. 예를 들면 패역한 자, 미련한 자, 게으른 자, 어리석은 자, 말쟁이, 사특한 자, 거짓 된 자, 궤휼한 자 등 우리 주변에 있는 악한 사람들을 그 성격과 행위대로 구분해서 알려 줍니다. 이런 사람은 이렇게 해서 나쁘니 주의하고, 저런 사람은 저렇게 해서 위험하니 경계하고, 이런저런 사람들과 부딪히는 복잡한 사회에서 인간관계에 조심하며 살아가도록 충고하고 있습니다. 이것이 곧 지혜입니다.

사람이 무섭습니다

시편은 우리의 심리를 가장 잘 표현하고 있는 성경입니다. 시편을 읽을 때마다 종종 내가 그 상황 속에 들어가 기도하는 것처럼 착각을 하게 됩니다. 또 시편 속에 나타나는 감정의 흐름들은 마치 나의 감정을 그대로 노출시키는 것같이 느껴지기도 합니다. 그만큼 시편은 인간의 내면세계를 정확히 꼬집어 표현하고 있습니다.

시편을 읽다 보면 저자가 사람 때문에 고통스러워하고, 신음하고, 탄식하고, 부르짖는 내용이 많이 있습니다. 그것은 아마도 세상에서 우리를 가장 괴롭게 하는 존재가 바로 사람이기 때문일 것입니다.

시편 7편을 보면 저자 다윗은 '식가욘'이라는 이상한 말을 기록해 놓았습니다. 학자들은 이 단어의 뜻이 정확하게 무엇인지 아직 규명하지 못했습니다. 하지만 일반적으로는 '큰소리로 부르짖는다'라는 의미로 받아들이고 있습니다. 이 단어는 성경에 정확히 두 번 나옵니다. 하박국 3장과 지금 이야기하는 시편 7편입니다. 저자는 큰소리로 부르짖고 있습니다. 그것은 바로 옆에 있는 베냐민 사람 '구시' 때문입니다. 이 사람은 다윗을 몹시 괴롭혔습니다. 그래서 다윗은 하나님 앞에 앉을 때마다 어린아이처럼 울부짖으며 하소연했습니다.

다윗을 괴롭힌 '구시'에 대해서는 더 이상 성경에 나오지 않습니다. 다윗의 생애를 기록한 사무엘상·하를 보아도 '구시'라는 인물은 없습니다. 우리가 알 수 있는 것은 단지 베냐민 사람이라는 것뿐입니다. 베냐민 지파는 다윗의 정적이자 선임자였던 사울 왕의 가문입니다. 사울이 망하고 나서 그 다음 대를 이은 다윗에게 원한을 품은 베냐민 지파 사람들이 다윗과 심한 갈등관계를 형성한 것은 어떻게 보면 너무나 당연한 일이었습니다.

'구시'는 '검둥이'라는 뜻입니다. 그래서 학자들은 '구시'라는 사람이 실제적으로 성경에 등장하는 인물이 아닌 것을 보아 어떤 사람을 상징적으로 표현하기 위해 쓴 별명이라고 이야기합니다. 성경 내용의 흐름상 사울 왕을 가리키고 있다고 유추하기도 합니다.

사울은 셈족이자, 유대 민족이기 때문에 피부색은 검지 않습니다. 그러나 사울 왕의 하는 짓을 보면 속이 얼마나 캄캄한 사람인지 알 수 있습니다. 겉모습으로는 매우 겸손한 것 같고, 굉장히 관용한 것 같으며, 풍채가 좋고, 너털웃음을 껄껄 웃을 수 있는 사람으로 보입니다. 그러나 그가 20여 년간 다윗에게 한 짓을 보면 얼마나 그 속이 캄캄하고 잔인한 사람인지 분명히 알 수가 있습니다. 다윗은 이런 사울 왕의 캄캄한 마음에 당한 피해자였기에, 사울 왕을 '검둥이'라고 불렀을 가능성이 있다는 말입니다. 상당히 재미있는 해석입니다.

로마의 시인 호라티우스는 그의 시에서 이런 말을 했습니다.

저 사람은 검둥이야

오, 로마 사람들이여

사람을 주의하게.

여기서 이 '검둥이'는 겉이 검다고 표현한 것이 아닙니다. 시인 호라티우스도 흑인이고 그의 시에서 '조심하게'라고 표현하고 있는 것을 보아 '검둥이'는 특별히 마음이 검은 사람을 지목하는 것으로 해석할 수 있습니다.

다윗의 생애는 처음부터 악한 사람들로 인하여 피 말리는 시련과 함께 시작되었습니다. 평생 그 상처는 완전하게 아무는

법이 없이 아물 만하면 터지고, 또 터지고 계속 피가 흘렀습니다. 다윗을 괴롭힌 주변의 악한 사람들 중에 대표적인 사람을 꼽으라면 단연 사울 왕일 것입니다.

그 다음으로는 그가 자랑하던 미남 아들 압살롬입니다. 압살롬은 칼을 뽑아 자기 아버지를 겨누었습니다. 또 한 사람을 들면, 다윗의 심복으로 섬긴 군대 장관 요압입니다. 이 사람은 평생 다윗의 가슴에 박힌 가시 노릇을 했습니다. 다윗은 가까운 가족부터 먼 원수들까지 많은 사람들에게 시달림을 당했고, 괴로움을 맛보았습니다.

다윗은 이러한 경험으로 세상에서 그 무엇보다도 인간에 대해 잘 알 수 있었습니다. 인간이 얼마나 악한지, 그 본심이 얼마나 놀라울 정도로 잔인한지를 몸소 체험했기 때문입니다. 그런 다윗이 생의 좌우명으로 택하게 된 중요한 원리가 사무엘하 24장에 나옵니다.

다윗이 범죄를 저질렀습니다. 하나님은 죄를 범한 다윗을 바로 응징하셨습니다. 선지자가 와서 하나님의 말씀을 전했습니다. 하나님께서 그에게 세 가지 선택권을 주셨는데, 그 중 두 가지가 이것입니다. "네가 대적 앞에 쫓겨서 3개월 동안 도망 다니겠느냐, 아니면 전염병에 시달려서 3일 동안 고생하겠느냐, 둘 중의 하나를 택하라."

다윗은 가만히 생각해 봅니다. '대적에게 쫓겨서 3개월 동안 도망 다닌다고? 아 이것은 싫어! 대적은 사람이야. 사람만큼 잔인한 것이 없어. 그러니 사람의 손에 빠지는 것이 더 두렵고 불행한 일이야. 전염병은 하나님에게서 온 것이니까 차라리 자비로우시고 긍휼하신 하나님의 손에 빠지자. 그게 낫겠다.' 그는 고민한 끝에 이렇게 결정을 내립니다. "여호와께서는 긍휼이 크시니 우리가 여호와의 손에 빠지고 내가 사람의 손에 빠지지 아니하기를 원하노라." 사무엘하 24:14

다윗은 사람이 너무나 잔인하고 무서운 존재라는 것을 잘 알았기에 사람 손에 빠지느니 차라리 자비하신 하나님 손에 빠지는 것이 낫겠다고 선택한 것입니다. 그래서 3일 동안 전염병에 걸리는 쪽을 선택합니다.

시편 7편에서 다윗은 '구시'라는 사람과 함께하고 있는 사람들을 가리켜 '사자'라고 표현했습니다. "사자같이 나를 찢고 뜯을까 하나이다." 시편 7:2 시인은 인간이 사자처럼 잔혹해질 수 있다고 말합니다. 또 "악인이 죄악을 낳음이여 재앙을 배어 거짓을 낳았도다" 시편 7:14라는 표현이 있습니다. 날마다 더러운 생각만 하고 죄 되는 일만 한다는 말입니다. 이어 "그가 웅덩이를 파 만듦이여 제가 만든 함정에 빠졌도다" 시편 7:15라고 표현합니다. 짐승을 잡을 때 땅을 파 놓듯이 함정을 만들고, 그물을 쳐 놓아 사람들이 지나갈 때 걸리도록 만드는 것이 인간이라는 말입니다.

칼보다 날카로운 혀

이 '구시'라는 사람이 다윗에게 얼마나 못된 짓을 했길래 다윗이 사자라고 묘사하고, 웅덩이를 파서 기다리는 무서운 사냥꾼과 비교를 했을까요? 다윗에게 칼을 들이댔을까요? 아니면, 다윗의 재산에 손해를 끼쳤을까요? 아니면, 다윗의 왕위를 노렸을까요? 아닙니다. 1절 바로 앞에 있는 서론에는 다윗의 식가온, 베냐민 사람 구시의 말에 대해 나옵니다.

사람이 가장 잔인해지는 때가 언제인가 하면 바로 혀를 가지고 사람을 죽일 때입니다. 혀는 참으로 부드럽습니다. 그런데 이 혀가 얼마나 무서운지, 칼의 날카로움보다 더 날카롭게 찌르기도 합니다. 다윗은 지금 구시한테 모함과 입에 담기조차 어려운 저주와 비난을 듣고 있습니다. 한마디 말로 치명타를 입히는 구시는 마치 사자와도 같습니다. 사실 인간은 사자보다 더 잔혹합니다. 사자는 인격을 해치지는 못합니다. 아무리 무서운 짐승이라도 인간의 명예나 고귀한 정신은 끌어내리지 못합니다. 기껏 해봐야 육체에 상처를 주거나 해칠 뿐입니다.

그러나 사람의 혀에서 나오는 모함이나 비난, 수군거림이나 공박은 우리 마음 깊은 곳에 쓰라린 상처를 냅니다. 몸에 난 상처는 약을 바르고 정성껏 돌보고, 적당한 시간이 흐르면 아물게 됩니다. 하지만 말 때문에 산산조각 나버린 마음을 회복하는 데에는 이루 말할 수 없는 고통과 함께 오랜 시간이 필요합니다.

최근에 일어난 여러 가지 사건을 보면 '사람이란 정말 무서운 존재구나' 하는 말이 절로 나옵니다. 문제의 시시비비를 가리는 것은 일단 접어 두고서라도, 마음속에 불같이 일어나는 질투를 억제하지 못해서 모함하고, 험담하고, 헐뜯고, 나중에는 그것도 모자라서 투서까지 합니다. 상대방을 말로 무참히 짓밟고 자기도 처참하게 무너져 내리는 것을 수도 없이 봤습니다.

요즘 인터넷을 보면 정말 악하기 짝이 없습니다. '악플'이라는 신조어가 나올 정도입니다. 타인의 기사나 글에 자신의 의견을 간단히 덧붙이는 글을 댓글이라고 하는데, 그 댓글 중에서도 악의적으로 상대방을 비난하는 글을 '악플'이라고 합니다. 근거 없이 비난하는 댓글들을 보면 정말 소름이 끼칠 정도입니다. 익명으로 된 악플은 기사의 주인공이나 글쓴이의 인격까지도 처참하게 밟아 버립니다. 급기야 모 연예인은 잇단 악플에 못이겨 스스로 목숨을 끊기도 했습니다. 그처럼 말은 상대방의 인격뿐 아니라 목숨을 위협할 정도로 무서운 것입니다.

비단 교회 밖에서만 있는 일이 아닙니다. 교회 안에서도 마찬가지입니다. 이해와 사랑은 사라지고, '교회 정화'라는 미명 아래 한 사람의 인격과 명예와 소명을 사정없이 난도질하는 무서운 일들이 교회 안에서 빈번히 일어나고 있습니다. 과거에도 보았고 지금도 그러한 일을 보고 있습니다. 그런 말을 하는 사람들이 실제로 구원을 받았는지 안 받았는지 판단할 수는 없지만, 그들의 입에서 나오는 말은 듣기에도 소름이 끼칠 정도로 잔인합니다.

최근에 모 교회 남자 집사님 한 분을 만났습니다. 그분이 저를 붙들고 너무나 안타까운 탄식을 했습니다. "목사님, 우리 교회에 새 목사님이 부임하신 지 불과 3개월도 안 됩니다. 그런데 교회에서 항상 가시 노릇을 하는 장로님이 그 목사님을 잘못 봤습니다. 그래서 그 목사님을 틈만 나면 헐뜯더니, 요즘은 아예 집집마다 다니면서 '목사가 사무실에서 근무하는 아가씨와 스캔들이 있다'고 소문을 퍼뜨리고 돌아다닙니다. 이럴 땐 어떻게 해야 합니까?" 제가 그 말을 듣는데, 마치 내 눈앞에 어떤 사람이 사자의 얼굴을 하고 있는 모습이 연상되었습니다. 무서운 발톱이 있는 사자가 연상되었습니다. 어린 양을 잡아 가지고 무조건 입에 물고 사정없이 찢는 사자 말입니다. 교회 안에서 중한 직책을 맡은 사람들도 무서워질 수 있고, 잔인해질 수 있습니다.

시편 10편에서도 다윗은 똑같은 탄식을 하고 있습니다.

> 그의 입에는 저주와 거짓과 포악이 충만하며
> 그의 혀 밑에는 잔해와 죄악이 있나이다

그가 마을 구석진 곳에 앉으며

그 은밀한 곳에서 무죄한 자를 죽이며

그의 눈은 가련한 자를 엿보나이다

사자가 자기의 굴에 엎드림같이

그가 은밀한 곳에 엎드려

가련한 자를 잡으려고 기다리며

자기 그물을 끌어당겨 가련한 자를 잡나이다

_시편 10:7-9

말을 가지고 사람 잡는 사람들이 사자처럼 엎드려서 기다리고 있습니다. 은밀한 곳에서 가련한 자를 잡으려고 숨어 있습니다. 말을 가지고 사람 잡는 사람은 보이는 데서 말하지 않습니다. 면전에서 말하는 사람들이 아닙니다. 항상 보이지 않는 으슥한 곳에서 헐뜯고 깎아내립니다. 앞발을 들어 온 힘을 다해 공격하는 사자처럼 뒤에서 말로 칩니다. 이런 무서운 사람들을 주의하고 잘 가려내야 합니다. 가능하면 이런 자들을 멀리해야 합니다.

세상은 갈수록 비정한 사회가 되어 갑니다. 더욱 잔인해지고 있습니다. 어떻게 대처할 수 있습니까? 우리 눈으로 좋은 사람, 나쁜 사람 가리지 못합니다. 나쁜 사람일수록 겉은 더 좋아 보일 수 있습니다. 이상하게 마음이 잔인한 사람일수록 겉은 더 그럴 듯해 보이곤 합니다. 아마 아름다운 얼굴에 잔인한 행동이 더욱 대비되기 때문에 그렇게 느껴지는 것일 수도 있겠지요. 포학한 사람일수록 말씨가 부드러운 것을 자주 봅니다. 무슨 재주로 사람을 가릴 수가 있겠습니까?

악한 말을 그치며

시편 7편에서 우리는 세 가지를 교훈 받아야 합니다. 첫째로 양심적인 대인관계를 유지해야 한다는 것입니다. 양심적인 대인 관계라는 말은 이웃에게 책망받을 짓을 하지 않는다는 것입니다. 말 한마디를 하더라도 남을 해치는 말은 하지 말아야 한다는 것입니다.

  구시의 말 때문에 고통을 당하면서 다윗은 하나님 앞에 자기 자신을 검토했습니다. "여호와 내 하나님이여 내가 무슨 잘못을 했나요, 내 손에 무슨 죄악이 있나요, 주님 좀 봐 주십시오, 내가 나하고 화해를 한 사람, 화친한 사람을 뒤에서 악으로 갚은 일이 있나요, 아무리 내 원수지만 내 원수에게 이유 없이 그들을 치며 그들의 물건을 빼앗은 일이 있나요, 하나님 나 좀 살펴 주세요"라며 자기 자신을 검토했습니다.

  다윗은 일생 동안 자기를 해치려 하는 자들이 아무리 많았어도, 자기가 먼저 남을 해치는 법이 없었습니다. 말 한마디라도 자기가 먼저 남을 욕보이는 일이 없었습니다. 하나님 앞에 그는 양심적인 생활을 했습니다.

말을 함부로 하면 나도 모르게 이웃에게 상처를 줄 수가 있습니다. 이웃에게 상처를 줄 때, 상처받은 이웃이 나에게 언제든지 무슨 짓이라도 할 수 있도록 여지를 만드는 것이 됩니다. 결국 우리의 한 마디가 이웃을 악하게 만들 수도 있다는 이야기입니다.

그러므로 사람들의 그 무서운 계교와 잔인함에서 벗어나 평안한 인생길을 걸어가려면 내가 먼저 남을 해치는 말을 하지 말아야 합니다. 그러나 경쟁 사회에서 사람을 전혀 해치지 않고 상처 주지 않고 산다는 것은 매우 어려운 일입니다.

저는 이규태 씨의 글을 참 즐겨 봅니다. 그분이 언젠가 신문 칼럼에다가 '평등 반발 현상'이라는 재미있는 글을 쓴 적이 있습니다.

예쁜 여자끼리는 결코 친하지 않습니다. 서로가 비슷하면 친하게 지내지 않는다는 말입니다. 특히 우리 한국 사람들은 서로가 질투하고 반발하는 경우가 대단히 많은데, 권력이 비슷한 사람끼리 사이가 나쁘고, 업적이 비슷한 사람끼리 사이가 틀어지고, 윗사람으로부터 신망이 비슷하게 두터운 사람끼리 틈이 잘 생기고, 학교에서 비슷비슷하게 공부하는 학생들끼리 사이가 좋지 않습니다.

이게 소위 평등하면 반발한다는 현상인데, 서양 사람들은 일반적으로 서로가 평등할 때 공정하게 선의의 경쟁을 해서 오히려 안정된 인간관계를 유지한다고 합니다. 그러나 한국 사람들은 종적인 관계, 상하의 관계에서는 안정감을 누리지만, 횡적인 관계에서는 안정감이 깨지면서 조금만 서로 비슷하다 싶으면 무서울 정도로 서로가 헐뜯고 사납게 경쟁하는 관계가 됩니다. 그래서 정정당당하게 경쟁할 생각은 하지 못하고 뒤쪽에 가서 험담하고 헐뜯는 음성적인 처리를 하는 것이 일반적인 사람들의 행태라고 합니다.

이런 사람들이 살고 있는 우리 동네, 우리 직장, 형제자매 사이를 가만히 보면 상대방에게 어떤 해를 전혀 끼치지 않고, 손해를 끼치지 않고, 성자같이 살기는 참 어려운 일인 것 같습니다. 그러나 그렇다고 해서 말도 마음대로 하고, 하고 싶은 대로 행동해서 다른 사람들에게 상처 주는 행위는 결국 내가 앞으로 남한테 상처받을 것에 대한 대가를 미리 지불하는 것이나 다름없습니다.

성경은 이렇게 말씀합니다. "아무 일에든지 다툼이나 허영으로 하지 말고 오직 겸손한 마음으로 각각 자기보다 남을 낫게 여기고."_{빌립보서 2:3} "생명을 사랑하고 좋은 날 보기를 원하는 자는 혀를 금하여 악한 말을 그치며 그 입술로 거짓을 말하지 말고." 베드로전서 3:10

목사님, 타이가 너무 길어요

주님이 누가복음 12장에서 우리에게 진지하게 교훈한 말씀이 있습니다. "네가 만약 교회에 가서 예배를 드리다가 행여 상처 준 사람이 떠오르면, 서로 사이가 나빠졌다고 가책이 드는 사람이 있으면 예배를 중단하고 그 사람을 먼저 찾아가라. 먼저 가서 그 사람하고 화해하거라. 그러고 와서 예배를 드려라. 그렇게 하지 않으면 네가 예배 드리는 사이에 그 사람이 너를 고소해서 명예훼손 죄로 끌고 갈지도 모르니까 화해부터 먼저 하거라." 이 얼마나 실리적인 이야기입니까!

특히 비판할 때 우리는 정말 주의해야 합니다. 비판이 무엇입니까? 자기 기준으로 남을 평가하는 것입니다. 내 안에서 내가 설정한 기준을 표준이라고 여기고 말하는 것입니다. 내가 만든 자를 가지고 남을 재는 것이 비판입니다. 그래서 그 자보다 길면 길다고 욕하고, 짧으면 짧다고 욕하게 됩니다.

우리는 '나는 옳고, 그 말은 꼭 해야 된다'는 전제로 비판의 말을 하곤 합니다. 하지만 성경은 무엇이라고 합니까? "비판하지 말라. 그리하면 너희가 비판을 받지 아니할 것이요. 정죄하지 말라. 그리하면 너희가 정죄를 받지 아니할 것이요." 괜히 남을 비판해서 내가 상처 입을 필요도 없고 남에게 상처 줄 필요도 없습니다. 이것이 악한 세상의 틈바구니에서 사고 없이 인생을 살아갈 수 있는 지혜입니다.

　웨슬리는 영국을 18세기의 도덕적인 타락에서 건진 위대한 전도자입니다. 그는 가난한 부흥사였기 때문에 있는 대로 입고 다녔습니다. 한번은 집회를 가야 하는데 넥타이가 없어서 나비넥타이를 하고 부흥회 인도를 했답니다. 그 당시 나비넥타이는 날개가 길게 양쪽으로 내려왔습니다. 아버지 것을 매고 왔기 때문에 웨슬리에게는 좀 더 길었던 모양인지 타이가 벨트까지 내려왔습니다. 그것도 모르고 그는 나가서 열심히 설교를 했습니다. 집회가 끝난 뒤, 똑똑하게 보이는 어떤 부인이 웨슬리를 찾아오더니 "목사님, 타이가 너무 길어요, 타이가 너무 기니까 제가 보기에 꼭 세상에서 되는 대로 굴러먹은 속인같이 보이네요. 타이를 조금 자르는 게 어떠세요?"라고 말했답니다.

　그 말에 웨슬리는 기분이 좀 상했습니다. 웨슬리가 부인에게 "부인, 가위 있나요?"라고 묻자, 부인이 큰 가위 하나를 빌려 왔습니다. "자, 제 타이를 부인이 보기에 좋은 길이로 잘라 보세요." 이 말에 그 부인은 웨슬리의 타이를 싹둑 잘랐습니다. 그러고 나서 그 부인이 "이제 보기 좋군요"라고 하자 웨슬리가 부인에게 "부인, 그 가위를 저에게 좀 주십시오"라고 했습니다. 부인이 웨슬리에게 가위를 건넸습니다. 그러자 "저, 부인 죄송하지만 혓바닥 좀 내밀어 주시겠습니까? 제가 보기에 부인 혓바닥이 너무 길군요, 부인 혓바닥이 너무 길어서 제 마음에 상처를 주었거든요, 제가 보기 좋게 잘라 드릴게요."

구시가 말 몇 마디를 가지고 다윗을 그렇게 괴롭힌 것처럼 오늘 우리도 몇 마디 말로 사람들을 괴롭힐 수 있습니다. 항상 우리 양심을 깨끗하게 유지해야 합니다. 내가 누구에게 말로 상처 준 일이 없는지, 누구의 마음을 아프게 한 일이 없는지, 한 사람의 인격을 사정없이 짓눌러 놓고도 태평스럽게 잠자고 있지는 않은지 살펴보아야 합니다. 상처를 줄 대로 다 주고, 태평스럽게 허허 웃을 수 있는 사람이라면 사자보다 무서운 사람입니다. 독사보다 독한 사람입니다.

저 대신 하나님이 갚아 주세요

둘째로 생각해야 될 것은 보복하고 싶은 감정을 먼저 내려놓아야 한다는 것입니다. 다윗은 구시를 직접 보복하려 하지 않았습니다. 다윗의 일생을 보면 아무리 자기를 괴롭히는 사람이라도 자기 손으로 직접 그 사람을 치려는 생각을 가져 본 적이 없습니다. 오로지 다윗은 하나님 앞에 자기의 원한과 고통을 토로하고 있습니다.

또한 "여호와여 진노로 일어나사 내 대적들의 노를 막으시며 … 하나님은 의로우신 재판장이심이여 매일 분노하시는 하나님이시로다" 시편 7:6상, 11라고 말했습니다. "하나님, 저 대신 하나님께서 저 사람에 대해 갚아 주십시오." 이것이 다윗의 고백입니다. 다윗은 하나님께 모든 것을 다 맡겼습니다. 자기 스스로 보복하겠다는 생각을 전혀 하지 않았습니다. 이런 태도가 다윗을 위대하게 만들었습니다.

겟세마네 동산에서 주님이 잡혀 가실 때 대제사장의 종이 못되게 굴자, 베드로가 칼을 뽑아 그 사람의 귀를 베었습니다. 그때 주님이 뭐라고 하셨는지 기억나십니까? "네 검을 도로 집에 꽂으라. 검을 가지는 자는 다 검으로 망하느니라"고 말씀하셨습니다. 보복은 항상 보복을 불러들입니다.

시기와 다툼이 너무나 많은 세상에서 우리는 말씀대로 살아야 합니다. "아무에게도 악을 악으로 갚지 말고 모든 사람 앞에서 선한 일을 도모하라 할 수 있거든 너희로서는 모든 사람과 더불어 화목하라."로마서 12:17-18 할 수 있거든 주님은 우리에게 모든 사람들과 더불어 화목하라고 하십니다. 선으로 악을 갚는 곳에 악이 존재할 수가 없습니다. 사랑으로 모든 허물을 덮어 주는 곳에, 용서하는 자리에 원한을 가지고 달려드는 사람이 있을 수가 없습니다.

하나님의 레이더망

셋째로 하나님이 항상 나의 방패가 되심을 의뢰해야 합니다.

다윗은 "나의 방패는 마음이 정직한 자를 구원하시는 하나님께 있도다" 시편 7:10 라고 고백했습니다. 하나님을 '방패'라고 했습니다. 이것은 엄밀히 따지면 '방패자'를 뜻합니다. 나보다 앞서 가면서 방패를 가지고 막아 주는 사람입니다. 다윗은 이 말을 즐겨 사용했습니다. 그의 시에 열 번 이상 나옵니다.

이는 현대 용어로는 방패가 아니라 레이더입니다. 가장 취약한 지점에다 레이더를 설치해 놓고 그곳에 어떤 적이 공격해 오지 않는가를 항상 살피는 것이 오늘날의 군사작전입니다. 인간의 가장 큰 취약점은 인격이요 명예일 것입니다. 돈은 빼앗겨도 괜찮다고 하는 사람이 있습니다. 물건을 빼앗겨도 그렇게 할 수 있습니다. 그러나 인격과 명예가 짓밟히면 대부분 참지 못합니다. 인간에게 가장 약한 부분이기 때문입니다.

그런 곳에 우리는 하나님의 레이더망을 쳐 놓아야 합니다. 나를 해치는 악이 들어오지 않도록 하나님의 방패를 설치하고는 그것에 기대고 의지해야 합니다. 그뿐만 아닙니다. 아무리 내가 사람을 주의한다고 해도 어떤 사람이 선하고 좋은지를 구별하기란 어렵습니다. 언제 어떤 사람을 통해서 해를 받을지 전혀 모릅니다. 그러므로 철저하게 하나님만이 이 문제의 주관자요 간섭자가 되어 주셔야 합니다. 우리 주변의 악한 사람들로부터 우리를 막아 주셔야 합니다. 내 힘으로 안 되는 영역이 있습니다.

작년 2월, 스물두 살 된 김 모 군이 낮 12시에 그가 알고 지내던 집을 찾아갔습니다. 그 집에서 커피와 곶감을 대접받고 앉아 있다가 부인이 점심을 해주겠다며 부엌에 들어간 사이 가방에 숨기고 들어갔던 망치로 부인의 뒤통수를 열일곱 차례 때려서 죽였습니다. 이어 학교에서 귀가하는 그 집 딸아이의 목을 졸라서 죽이고 부인의 지갑에서 2만 3천 원을 가지고 도망치다가 잡혔습니다. 저는 그 보도를 보고 "야, 정말 기가 막힌다"라고 했는데, 그보다 더 기가 막힌 이야기는 이것입니다.

가해자인 김 군과 희생당한 그 가정은 10년 전부터 알고 지낸 사이였습니다. 이 가정의 부부가 신혼생활을 할 때, 이 범인의 집 식구들과 어떤 집에 같이 세 들어 살았답니다. 그때 김 군은 12살이었습니다. 신혼부부가 얼마나 귀여워했겠습니까? 소년은 신혼부부에게 사랑을 받으며 자랐습니다. 그렇게 귀엽다고 생각한 아이가 10년 후에 망치를 들고 찾아와서 그렇게 잔인한 짓을 하리라고 누가 생각이나 했겠습니까?

사람이 내게 어찌할꼬

이 같은 상황은 인간의 어떤 능력으로도 막을 수 없는 일입니다. 하나님이 막아 주시지 않으면 다른 도리가 없습니다. 어떤 사람과 만나느냐, 어떤 사람과 헤어지느냐, 어떤 사람과 거래가 있느냐 하는 이 모든 상황에서 하나님께서 나를 해칠 수 있는 악한 자를 미리 사전에 막아 주시고, 우리의 발을 그물에서 벗어나게 하시며, 사람의 꾀에서 벗어나게 하시고, 구설의 다툼에서 면하게 하시며, 나를 밀쳐 넘어뜨리려 하는 자에게서 나를 보호하지 않으시면 우리는 한시도 안심하고 살아갈 수가 없습니다.

다윗은 이렇게 이야기합니다. "여호와는 내 편이시라 내가 두려워하지 아니하리니 사람이 내게 어찌할까" 시편 118:6 하나님만이 나의 방패가 되십니다. 하나님이 나를 지켜 주신다면, 아무리 악한 사람이 땅 위에 많이 있다고 할지라도 우리의 나그넷길을 평안히 걸어갈 수 있습니다. 하나님 나라에 갈 때까지 아무리 사자 같은 복병들이 나의 인생길에 함정을 파 놓고 웅크리고 기다린다 할지라도, 아무리 독사의 혀로 나를 해치는 말을 하는 사람이 있다 할지라도, 여호와가 나의 방패 되셔서 나를 보호해 주시고, 내 앞에서 모든 위험을 제거해 주시면 두려울 것이 없습니다. 찬양하며 걸어갈 수 있습니다. 하나님이 나의 방패라는 사실을 온전히 믿는다면, 하나님께서 이 믿음을 보시고 우리를 모든 위험에서 건져 주실 것입니다.

여호와는 내 편이시라
내가 두려워하지 아니하리니 사람이 내게 어찌할까
_시편 118:6

03 》 근심이 나를 누를 때

바닷가에 가면 이런 모습을 가끔 보게 됩니다. 아빠가 어린 자녀에게 수영도 좀 가르쳐 줄 겸, 또 바닷물에 푹 잠기는 경험도 하게 해주고 싶어서 아이를 품에 안고 물속으로 한 걸음 한 걸음 들어갑니다. 아이는 겁에 잔뜩 질려 "아빠, 그만, 그만, 그만…" 하며 들어가지 말라고 떼를 쓰다가 이내 울음을 터트리고 맙니다. 그럴 때 아빠는 아이를 품에 딱 안고 아이의 눈을 보며 묻습니다. "너 여기서 울고 있을래? 아니면 아빠 믿을래?" 그제야 아이는 아빠의 목을 더 힘차게 꼭 끌어안습니다. '나, 아빠 믿을래요'라는 뜻입니다. 그러면 아빠는 "그래 됐어. 자, 울지 말고, 아빠만 믿으면 돼" 하며 아이와 함께 바닷물 속으로 성큼성큼 걸어 들어갑니다.

너희는 마음에 근심하지 말라
하나님을 믿으니 또 나를 믿으라
내 아버지 집에 거할 곳이 많도다
그렇지 않으면 너희에게 일렀으리라
내가 너희를 위하여 거처를 예비하러 가노니
가서 너희를 위하여 거처를 예비하면
내가 다시 와서 너희를 내게로 영접하여
나 있는 곳에 너희도 있게 하리라
내가 어디로 가는지 그 길을 너희가 아느니라

_ 요한복음 14:1-4

근심에 빠진 제자들

어떤 대문호는 '근심'이라는 것을 이렇게 표현했습니다. "이 세상에서 가장 벗어나기 어려운 것이 있다면 그것은 근심이라고 하는 마귀다. 아무 일이 없는 날에도 그 마귀는 사람을 괴롭게 하고 혼란 속에 몰아넣는다." 그럼 근심이 마귀란 말인가? 표현이 너무 과하다 생각될지 모르겠지만, 마귀가 근심과 걱정을 가지고 사람을 끊임없이 괴롭혀 온 것은 사실입니다. 특별히 이것으로 예수 믿는 사람들을 자주 시험합니다. 이런 의미에서 볼 때 "근심은 마귀다"라는 말도 일리가 있습니다.

세상을 살아가면서, 우리는 하루도 근심거리를 떼놓지 못하고 삽니다. 하지만 놀랍게도 복음서를 읽어 보면 예수님은 '근심'에 대해 단 두 번밖에 다루고 있지 않습니다. 한 번은 마태복음 6장 산상수훈에서 "무엇을 먹을까 무엇을 입을까 무엇을 마실까 염려하지 말라 내일 일은 내일 염려할 것이요 한날의 괴로움은 그 날로 족하니라"고 말씀하셨습니다. 이후로 근심에 대한 이야기가 전혀 안 나오다가, 요한복음 14장에서 "너희는 마음에 근심하지 말라 하나님을 믿으니 또 나를 믿으라"고 말씀하십니다.

의외로 예수님은 근심에 대한 교훈을 많이 하시지 않았습니다. 하지만 근심에 대해서 말씀하실 때는 굉장히 단호했습니다. 더이상 설명을 붙일 필요도 없이 "염려하지 말라"고 단호하게 명령하십니다. 그 다음에 바로 "나를 믿으라"는 명령이 나옵니다. 다른 어떠한 이야기도 언급하시지 않습니다. 이와 같이 단순명료하고 단호한 명령 속에 분명한 진리가 담겨 있습니다.

요한복음 14장 1절에서 '너희'가 가리키는 대상은 '제자들'입니다. 가룟 유다를 제외한 열한 명의 제자를 앞에 놓고, 주님은 "너희는 마음에 근심하지 말라"고 하셨습니다. 제자들로서는 근심할 수밖에 없는 상황이었습니다. 지금 제자들은 잠을 잘 수도, 먹을 수도 없습니다. 그들은 예수님을 따라 예루살렘에 들어오면서부터 긴장감에 휩싸여 있었습니다. 왜냐하면 예수님이 공공연히 제자들에게 십자가에 죽으실 것을 예언하셨기 때문입니다.

그러한 가운데 예루살렘에 들어와 보니, 그 분위기 또한 십자가의 죽음에 맞장구를 치듯이 아주 살기등등합니다. 언제 무슨 일이 터질지 도무지 예측할 수 없는 긴장감이 제자들을 공격했습니다. 상황이 이렇다 보니 제자들이 근심하는 것은 어떻게 보면 당연한 일이었습니다.

제자들의 근심은 세 가지로 볼 수 있습니다. 그 하나가 예수님의 운명(殞命)이었습니다. 제자들은 예수님과 이별할 수 있다는 것, 영원히 헤어질 거라는 걱정 때문에 어찌할 바를 몰랐습니다. 또 하나는 자신들이 갖고 있던 세상의 꿈이 산산조각 나 버릴 것 때문에 근심했습니다. 집도 버리고, 생업도 버리면서까지 '부귀영화를 누릴까' 하고 3년 동안 그렇게 열심히 예수님을 따라다녔건만, 이제 그 모든 꿈이 물거품 되기 직전에 있으니 어찌 근심하지 않을 수 있겠습니까?

동시에 예수님의 말씀대로라면 예수님이 처형을 당하실 텐데, 예수님의 제자로 이미 많은 사람들이 주목하고 있던 자신들의 신변 또한 안전하지 못할 것이라는 걱정이 생길 수밖에 없었습니다. 예수님이 떠나고 나면 무엇을 어떻게 해야 할지, 세상을 어떻게 살아가야 할지, 당장 눈앞에 놓인 생계 문제만 생각해도 앞이 캄캄해져 근심으로 마음이 무거워진 것입니다. 이런 제자들의 걱정은 너무나 당연합니다. 그들이 이런 것들을 걱정하는 것이 잘못된 일이 아니라는 것을 우리는 충분히 이해할 수 있습니다.

걱정 위에 걱정을 쌓으며 고민하는 제자들을 주님이 가만히 바라보셨습니다. 여기서 참 묘한 것 하나는 주님이 제자들에게 걱정이 많다고 나무라지 않으셨다는 사실입니다. "왜 쓸데없이 걱정하고 있느냐?" 하며 큰소리 한 번 지르지 않으셨습니다. 예수님은 걱정하는 제자들을 진심으로 이해하고 계셨습니다. 그래서 "너희는 마음에 근심하지 말라"고 하시며 나직이 타이르십니다. 주님의 이 한마디를 가만히 마음으로 음미해 보십시오. 근심하는 제자들의 마음을 감싸 주시려는 주님의 마음이 그대로 느껴지지 않습니까?

오늘날 우리도 마찬가지입니다. 근심에서 완전히 벗어나서 사는 사람이 이 세상에 있을까요? 근심의 소용돌이에 싸여 고민할 때가 더 많지, 근심 없이 창공을 훨훨 날듯이 가벼운 마음으로 세상을 살아가는 때는 그리 많지 않습니다. 오늘도 변함없이 예수님은 우리에게 이 한마디를 건네십니다. "너희는 마음에 근심하지 말라."

제자들과 다를 바 없는 우리

유명한 사상가인 세네카가 한 말이 있습니다. "가벼운 근심은 말이 많고, 무거운 근심은 말이 적다." 진짜 근심이 깊은 사람은 말이 없습니다. 어떤 면에서는 겉으로 보기에 전혀 문제가 없는 사람처럼 보일 수도 있습니다. 하지만 말이 없고, 근심하는 티가 잘 나지 않는 사람에게 오히려 더 무거운 근심이 마음속에 자리 잡고 있을 수 있습니다.

근심거리를 주로 말로 푸는 사람들은 물론 걱정이 되어서 늘 어놓겠지만 아직 나눌 수 있는 여유가 있다는 것입니다. 근심의 무게로 사람들과 단절되지 않았기 때문에 아직 심각한 상태가 아닐 수 있습니다. 이런 의미에서 근심이 별로 없는 것처럼 보이는 사람, 어려워 보이지 않는 사람들이 실은 나누지 못하는 무거운 근심거리를 가지고 있을 수 있습니다.

이런 모습은 제자들이 갖고 있던 근심과 별 차이가 없습니다. 제자들은 예수님과의 인간관계에서 오는 근심을 갖고 있었습니다. '이분이 떠나면 어떻게 하나, 우리가 사랑하는 분을 잃어버리면 어떻게 하나, 이분만 믿고 따랐는데 떠나시면 어떻게 해야 하나…'

우리도 마찬가지입니다. 근심 중의 근심은 사랑하는 사람 때문에 오는 근심입니다. 가족들, 내가 돌보아야 할 자녀들, 또 나이가 들면서 자녀들과 얽히게 되는 다양한 주변 관계들. 그 사람들이 늘어나면 늘어날수록 근심은 더 많아집니다. 옛날 속담처럼 가지 많은 나무에 바람 잘 날이 없다고, 나이와 함께 근심의 분량은 점점 비례하듯 늘어납니다.

인간관계의 근심뿐만이 아니라, 제자들처럼 산산조각 난 꿈 때문에 오는 근심도 있습니다. 세상을 살아가면서 정말로 무엇인가를 바라보고 소원하면서 20, 30년을 힘차게 달렸는데, 그것을 이루지 못하는 사람들도 많이 있습니다. 또 꿈을 이루고 원하는 바를 손에 넣었지만 왠지 모를 허탈감에 빠진 사람도 있습니다. 또 꿈을 꾸기도 전에 세상에 대한 의욕을 잃어버린 사람들도 참 많이 있습니다. 목적도 잃고, 삶의 의미도 상실한 사람에게 남은 것은 한숨소리뿐입니다.

제자들처럼 우리도 보장된 미래, 안정적인 삶을 꿈꾸다가 일순간에 그 꿈이 허사가 되어 버리면 근심에 휩싸입니다. 사랑하는 사람이 갑자기 죽었을 때 마음이 저미는 고통을 느끼게 됩니다. 나이가 들수록 병원에서 고통스러워하는 사람들을 볼 때마다 이 일이 남의 일만이 아니라는 생각에 불안해지곤 합니다. 우리의 신변에 대해, 장래 문제에 대해, 생계에 대해 얼마나 많은 걱정을 하게 되는지 모릅니다. 제자들과 우리가 다를 바 없습니다.

더욱이 우리나라 사람들은 걱정이 한 가지 더 있습니다. 그것은 나라 걱정입니다. 이제 대통령 선거가 얼마 남지 않았습니다. 지금 돌아가는 나라 형편을 생각해 봅시다. 이 나라가 제대로 될 것인지 안 될 것인지 누가 장담할 수 있습니까? 교육계는 어떻습니까? 뉴스에는 스승을 폭행하는 학생들의 이야기가 꾸준히 들려오고, 학과목을 가르쳐야 하는 시간에 사상교육을 하는 어느 교사의 이야기가 나오기도 했습니다.

이들의 정신적 순수성이나 도덕성은 어디로 갔는지 찾을 길이 없습니다. 경제는 날마다 기울어 가고 나라는 쌓이는 빚더미에 올라앉고, 땀 흘려 일하기를 회피하는 사람들의 수는 늘고 있습니다. 반면 노력하지도 않고 떼돈 버는 졸부들은 외제만 찾고, 돈 가지고 거드름 피우며 삶을 태만히 삽니다.

우리 교회 장로님이 쓰신 글에서 본 내용입니다. 모 학교 동창회가 미국에서 열렸다고 합니다. 그런데 여기 모인 사람들이 어느 정도 거드름을 피우며 즐겼느냐 하면, 호텔 방까지 짐을 옮겨 주는 포터에게 팁으로 20달러를 주었다고 합니다. 그 상황에서 누가 가장 놀랐겠습니까? 바로 20달러를 받은 포터였다고 합니다. 외국에서 팁은 보통 1달러입니다. 호텔 포터에게 팁을 많이 준다고 해봤자 2달러면 신경 써서 준 금액입니다. 이런 이야기를 들으면 이 나라가 걱정되지 않을 수 없습니다. 우리 모두 개인적인 걱정뿐만 아니라 나라 걱정까지 다 마음에 안고 살고 있습니다.

예수님의 처방전 1_ 나를 하나님으로 믿으라

하지만 참 감사한 것은, 성경을 보면 주님은 걱정하는 제자들을 나무라지 않으시고, 그들을 이해하시고 그들의 고통을 싸매 주셨다는 것입니다. 주님은 근심하는 우리를 향해서도 나무라지 않으시고, 오히려 우리를 마음 깊이 이해하시고 우리의 아픔을 싸매 주십니다. 우리는 그런 주님을 의지해야 합니다. 그분은 우리를 다 이해하고 계십니다. 이해에서 멈추는 것이 아니라, 근심에서 우리를 자유케 하시기 위해서 처방전까지 주시는 분입니다.

근심하는 제자들에게 주신 주님의 두 가지 당부를 보면 이 사실을 잘 알 수 있습니다. 요한복음 14장을 보면, 첫 번째 처방전은 '믿음'이고, 두 번째 처방전은 '소망'입니다.

"너희는 마음에 근심하지 말라." 그 대신 "하나님을 믿으니 또 나를 믿으라"고 하십니다. 여기서 우리가 주의해야 할 대목이 있습니다. 그것은 주님께서 "근심거리가 곧 사라질 테니, 걱정하지 말라"고 말씀하시지 않는다는 것입니다. 제자들의 형편은 갈수록 더 어려워지고 있습니다. 주님은 잡히셨고 제자들은 어찌할 바를 모른 채 사방으로 흩어져 버립니다. 그리고 주님은 끔찍한 십자가형을 당합니다. 갈수록 태산입니다. 근심이 없어지는 것이 아니라 점점 더 쌓이고 있는 상황입니다. 그럼에도 불구하고 우리 주님은 무조건 "근심하지 말고 나를 믿으라"고 하십니다.

여기에서 말하는 '믿음'은 무엇일까요? 14장 1절을 깊이 묵상해 보면, "하나님을 믿으니 또 나를 믿으라"는 이 말씀은 "예수님을 하나님으로 믿으라"는 것입니다. 문제는 제자들이 예수님을 하나님으로 믿지 않은 데 있었습니다. 제자들이 근심에 깊이 빠진 이유가 바로 여기에 있습니다.

제자들은 유대교 배경을 가지고 있었기 때문에 하나님에 대해서는 철저한 믿음이 있었습니다. 하나님은 천지의 창조자요, 공의로우신 분이시요, 온 땅에 충만하신 분이시요, 유일한 신이라는 것을 서슴없이 고백하는 자들입니다. 어려운 일이 있을 때마다 언제든지 하나님의 전능하신 손이 반드시 그들을 구원해 주신다고 믿었습니다. 하나님에 대해 철저한 믿음을 가진 자들이었습니다.

그러나 예수님에 대해서는 조건부 신앙이었습니다. 제자들은 예수님을 내 눈에 보이는 분으로, 나와 동행하시는 분으로 보았습니다. 또 눈앞에서 떡 다섯 덩이와 물고기 두 마리로 오천 명을 먹이시고 내가 보고 듣는 자리에서 각양각색의 병을 고쳐 주시고 풍랑이 이는 바다를 꾸짖어 잠잠케 하시는 분이었습니다. 나중에는 죽은 자를 살리시는 분으로, 이 세상에 오신 예수님을 믿었습니다. 그럼에도 불구하고 예수님을 하나님으로는 믿지 못했습니다.

빌립이 한 말이 있습니다. "주여 아버지를 우리에게 보여 주옵소서." 요한복음 14:8 이 말은 예수님을 하나님으로 보고 있지 않다는 증거입니다. 이런 빌립에게 주님은 "빌립아 내가 이렇게 오래 너희와 함께 있으되 네가 나를 알지 못하느냐 나를 본 자는 아버지를 보았거늘 어찌하여 아버지를 보이라 하느냐"라고 답하십니다. 바로 여기에 제자들의 문제가 있었습니다.

이제 예수님은 제자들을 떠나려고 합니다. 제자들은 십자가의 죽음이 갖는 의미를 잘 몰랐습니다. 왜 그분이 죽어야 하는지 전혀 알지 못했습니다. 더욱이 처참한 모습으로 십자가 형틀에 매달릴 사형수를 이제 더 이상 믿을 용기조차 나지 않았습니다. 아니 그러한 믿음이 그들에게는 없었습니다. 그들은 앞이 캄캄했습니다. 예수님에 대한 절망밖에 남지 않았습니다. 모든 걸 다 버리고 예수님을 좇았던 제자들이 왜 이렇게 쉽게 무너져 버렸습니까? 그들이 예수님을 하나님으로 믿지 못했기 때문입니다.

예수님은 말씀하십니다. "하나님을 믿으니 또 나를 믿으라." 요한복음 14:1하 이제 내가 너희 눈에 보이지 않더라도, 이제는 내가 너희들과 영원히 이별한 것처럼 듣고 보지 못한다 할지라도 믿으라는 것입니다. 항상 살아 있고 늘 깨어 온 우주를 주관하며 모든 약한 자와 고통당하는 자를 돕는 하나님인 것을 믿으라는 것입니다. 그리하면 염려로부터 자유로울 수 있다는 말입니다. 제자들은 결정해야 했습니다. 예수님을 하나님으로 믿을 것인가, 계속 절망 가운데 머물 것인가를….

만약 예수 그리스도를 하나님으로 믿는다면 그는 "내가 하는 일을 그도 할 것이요 또한 그보다 큰 일도 하리니" 요한복음 14:12중 라고 주님은 말씀하셨습니다. 모든 근심과 어려움을 극복하고 예수님이 하는 일을 하게 될 뿐 아니라 더 나아가 주님보다 더 큰 일을 할 수 있는 능력을 얻게 된다는 말씀입니다. 이것이 예수 그리스도를 하나님으로 믿는 자에게 주시는 약속입니다.

우리 마음이 근심으로 고통받지 않도록 보호하기 위해서는 예수 그리스도를 하나님으로 믿어야 합니다. 예수 그리스도를 우리 육안으로는 볼 수 없지만, 그는 전능하신 하나님이시요 자비로우신 구원자이심을 믿어야 합니다.

그래도 믿어지지 않을 때

예수 그리스도가 하나님이심을 믿는 것이 이 시대를 살고 있는 그리스도인에게는 그리 문제가 되지 않으리라 생각됩니다. 그러나 혹시 제자들처럼 예수님이 하나님이라는 사실을 아직도 풀리지 않는 숙제로 갖고 있다면, 그것부터 해결해야 됩니다. 예수님이 하나님이라는 사실이 그저 믿어지면 참 좋겠는데 안 믿어질 때가 있다는 말입니다.

이런 사람들을 위해 주님은 해결할 수 있는 방법을 하나 가르쳐 주셨습니다. 믿고 싶어도 믿어지지 않는 사람들에게 이렇게 말씀하십니다. "내가 아버지 안에 거하고 아버지께서 내 안에 계심을 믿으라 그렇지 못하겠거든 행하는 그 일로 말미암아 나를 믿으라."요한복음 14:11 이 말씀은 "내가 세상에 와서 무슨 일을 했는지 자세히 살펴보아라. 하나하나 생각하면서 깊이 묵상해 보아라. 그러면 안 믿어질 수가 없다"는 뜻입니다. 왜냐하면 예수님이 세상에 오셔서 하신 모든 일은 하나님만이 하실 수 있는 일이기 때문입니다.

죽은 자를 살리신 것에서부터, 바다를 꾸짖어 잔잔케 하신 것, 문둥병자를 고치신 것과 같이 그가 하신 모든 일 하나하나를 생각해 보면 '누구든지 나를 하나님으로 믿게 될 것이다'라는 말씀입니다. 만약 예수 그리스도가 하나님이신 것이 아직도 믿어지지 않는다면, 부디 하나님의 말씀인 성경을 깊이 읽기를 바랍니다. 그리고 성경을 공부하기 바랍니다. 성경 속에 살아계신 예수님, 곧 전지전능하신 하나님을 만나기 바랍니다. 그분과 깊이 만나고 나면 나도 모르는 사이에, 나를 누르던 근심 걱정에서 벗어나게 됩니다. 주님이 가르쳐 주시는 비결이 바로 이것입니다. 예수님을 하나님으로 철저하게 믿으면, 우리는 모든 염려를 주님에게 다 맡길 수 있는 자리까지 나아가게 됩니다.

베드로 사도는 이렇게 말합니다. "너희 염려를 다 주께 맡기라." 베드로전서 5:7 전부 다 맡기라고 말씀하십니다. 그렇게 맡기면 하나님께서 권고(眷顧)하시는 것을 보게 된다고 했습니다. 염려스러운 일이 계속 이어질 때 하나님께서 그 염려를 제거해 주시는 것을 체험하게 됩니다. 나 혼자서 감당하기 벅찰 때, 주님이 그 염려를 덜어 주시는 것을 알게 됩니다. 내가 꼭 짊어지고 가야 되는 염려라면, 너무 무겁지 않도록 감당할 능력을 주시는 분이시라는 것을 체험하게 됩니다. 어떤 문제로 인한 염려가 내게 전혀 유익하지 않다면 주님은 나보다 앞에 가시면서 그 염려를 다 없애시는 것을 발견하게 됩니다.

예수 그리스도가 전능하신 하나님이신 것을 믿으면, 그것을 믿는 믿음만으로 우리가 가지고 있는 모든 염려에서 자유로울 수 있습니다. 이 얼마나 대단한 믿음인지요.

1930년대까지만 해도 세계에서 가장 큰 선교 단체는 허드슨 테일러가 조직한 '중국 내지 선교회'였습니다. 중국 내륙 지방으로 깊이 들어가서 무지한 농군들을 대상으로 선교하는 단체였습니다. 이 내지 선교회에서 선교사를 가장 많이 파송했을 때가 1,368명이었고, 수많은 선교사가 복음을 들고 중국 내륙 지방으로 들어갔습니다.

이 선교 단체가 철저히 지키는 신조가 하나 있는데, 그것은 선교사들에게 봉급을 약속하지 않는 것입니다. '당신에게 매달 얼마씩 보내 주겠다'는 약속이 없습니다. 그러면 이들에게 어떻게 하라는 것이겠습니까? 자신의 필요를 철저히 하나님께 맡기고, 믿고 기도하여 얻으라는 것입니다. 그 믿음이 흔들리지 않게 하기 위해 사람들에게 돈 이야기를 한다든지 교회를 두루 찾아다니면서 선교헌금을 모금하는 일을 일절 못하게 했습니다.

정말 대단한 믿음입니다. 한국에서 교회를 개척해도 한 달에 얼마씩 사례비가 들어오지 않을 때는 교역자들이 가족 생계 걱정으로 목회를 제대로 못하는 경우가 많은데, 100년도 훨씬 전에 영국에서 살다가 중국 내지로 들어가서, 편지 한 장 받으려면 6개월을 기다려야 하는 그 어렵고 고독한 환경에서 정기적으로 들어오는 물질 없이 오직 하나님만 의지한다는 것이 상상이 되십니까? '주님이 주시면 먹고, 주님이 주시면 마시고, 주님이 주시면 입는다'는 이 믿음을 갖고 '중국 내지 선교회'는 오직 예수 그리스도를 전했습니다.

인간의 계산으로는 1년도 버티지 못하고 다 무너질 것 같은데, 놀라운 것은 이 선교 단체가 가장 크게 부흥했고, 헤아릴 수 없이 많은 일을 했으며, 오늘까지도 세계적으로 훌륭한 본이 되는 선교 단체로 남아 있다는 것입니다.

주님의 말씀은 참으로 옳습니다. 어떤 환경에서든지 염려가 아무리 많이 쌓여 있다 할지라도 중요한 것은 예수님을 하나님으로 믿고 인정하느냐는 것입니다. 이 믿음만 있으면 중국 내지 선교사들처럼 돈 한 푼 없이 저 중국 내륙에서 고독하게 살아도 하나님이 허락하시는 모든 것을 받아 누리며 자신의 사명을 감당할 수 있습니다. 모든 염려를 주님의 이름으로, 주님의 권능으로 해결할 수 있는 것입니다. 이것은 역사가 보여 주는 산 증거입니다.

그러므로 "너희는 마음에 근심하지 말라 하나님을 믿으니 또 나를 믿으라"는 말씀으로 주님은 우리에게 양자택일을 확실하게 할 것을 요구하고 계신 것입니다. "너, 근심하고 있을래? 아니면 나를 믿을래?" 둘 중에 하나를 택하라는 말씀입니다.

이 상황은 마치 아빠 품에 꼭 안겨 깊은 바닷물 속으로 들어가는 어린아이와 같아 보입니다. 바닷가에 가면 이런 모습을 가끔 보게 됩니다. 아빠가 어린 자녀에게 수영도 좀 가르쳐 줄 겸, 또 바닷물에 푹 잠기는 경험도 하게 해주고 싶어서 아이를 품에 안고 물속으로 한 걸음 한 걸음 들어갑니다.

아이는 겁에 잔뜩 질려 "아빠, 그만, 그만, 그만…" 하며 들어가지 말라고 떼를 쓰다가 이내 울음을 터트리고 맙니다. 그럴 때 아빠는 아이를 품에 딱 안고 아이의 눈을 보며 묻습니다. "너 여기서 울고 있을래? 아니면 아빠 믿을래?" 그제야 아이는 아빠의 목을 더 힘차게 꼭 끌어안습니다. '나, 아빠 믿을래요' 라는 뜻입니다.

그러면 아빠는 "그래 됐어. 자, 울지 말고, 아빠만 믿으면 돼" 하며 아이와 함께 바닷물 속으로 성큼성큼 걸어 들어갑니다. 그때부터 아이는 아빠의 목을 꼭 감아줘고, 겁이 나도 아빠만 믿고 물속으로 그냥 들어가는 겁니다.

우리는 이와 같은 모습으로 주님께 나아가야 합니다. 주님은 바로 이것을 원하십니다. 주님이 지금 당신에게 질문하고 있습니다. "그 자리에서 계속 근심하며 울고 있을래? 아니면 나를 믿을래?" 당신의 선택이 필요합니다. 예수님을 하나님으로 믿기로 선택할 때, 자기도 모르는 사이에 이 근심이라는 마귀가 겁을 집어먹고 도망갑니다. 모든 권세 위에 뛰어난 예수 그리스도의 이름을 믿으면, 마음에 들어와 우리를 근심하게 만들던 마귀는 줄행랑을 칠 수밖에 없습니다. 주님이 이 원리를 아시기에 우리에게 이런 명령을 하시는 것입니다.

예수님의 처방전 2_ 천국 소망을 품으라

예수님이 주신 두 번째 처방은 바로 '소망'입니다. "내 아버지 집에 거할 곳이 많(다)"요한복음 14:2상고 하시며 "가서 너희를 위하여 거처를 예비(하리라)"요한복음 14:3상는 말씀에서 보듯이 예수님은 우리를 위해 처소를 마련하십니다. 처소를 준비하는 일이 다 끝나면, 제자들에게 다시 와서 그들을 데려갈 것이라고 말씀하셨습니다. 이것이 '소망'입니다.

  예수님의 죽으심으로 우리는 죄에서 해방되었습니다. 주님이 부활하심으로 새 생명을 얻었습니다. 주님이 승천하심으로 하나님 나라에 당당하게 걸어 들어갈 자격을 얻었습니다. 이것이 주님이 우리에게 주신 복입니다. 예수님이 재림하시면 우리는 '할렐루야' 찬송하며 주님의 손을 잡고 영원한 나라, 근심이 다시는 따라올 수 없는 그 나라에 들어가서 살 것입니다. 이것이 우리의 소망입니다.

  주님께서 마치 집을 준비하는 것처럼 하나님 나라를 표현한 데는 더 깊은 의미가 있습니다. 우리는 '하나님 나라' 하면 감을 잡기가 어렵습니다. 그곳은 물질계가 아니기 때문에 이 세상의 차원에서 설명할 수가 없습니다. 성경을 아무리 보아도 하나님 나라를 정확히 묘사할 재간이 없습니다. 하나님은 영이십니다. 영이신 하나님은 형체가 없습니다. 형체가 없으면 어떤 공간이 필요하지 않을지도 모릅니다.

그러나 하나님이신 예수님은 어떠셨습니까? 몸이 있었습니다. 예수님은 세상에서 제자들에게 보이시던 그 몸 그대로 승천하셨습니다. 그래서 우리가 찬송을 부를 때에 "그 나라 가면은 그 손에 못 자국을 보겠네"라고 합니다.

그리고 하늘의 천군과 천사들도 형체가 있습니다. 또 예수를 믿고 하나님 나라에 간 우리도 주님이 재림하시면 새 몸을 입게 됩니다. 새 몸을 입으면 우리 모두가 눈으로 똑똑히 보고 확인할 수 있는 형체를 가지게 됩니다. 예수님도 몸을 갖고 계시고, 우리도 몸을 갖고 있고, 천사들도 다 형체를 갖고 있다면 그곳은 우리가 거할 수 있는 어떤 처소가 될 수 있다는 이야기입니다.

어떤 사람들에게는 주님이 자신을 위해 아름다운 처소를 준비해 두신 것을 기대하며, 이 세상에서 더욱 열심히 주를 위하여 달리는 믿음이 있습니다. 아예 일생 동안 세상것은 다 해(害)로 여기고, 허드슨 테일러처럼 그저 복음을 위해 살다가 주님께 돌아가는 사람이 있습니다.

하나님은 공평하신 분이시고, 상을 주시는 분이십니다. 복음을 위해서 한 평생 살아온 사람은 하늘의 별과 같이 빛난다고 했습니다. 그 영광이 특별하다는 뜻입니다. 예수님의 열한 제자들은 다 예수님 때문에 순교했습니다. 이들을 위해서 주님이 준비하신 처소는 기가 막힐 것입니다. 주님은 제자들에게 "너희는 소망을 가져라. 너희가 갈 곳이 있다. 내가 데리러 올 것이다"라고 당부하십니다. 이 소망을 가지면 근심에서 자유로울 수 있다는 말입니다.

미국에서는 교통이 불편하기 때문에 아이들이 초등학교에 입학하면 부모가 학교에 데려다 주고 또 때가 되면 데려오고 합니다. 초등학교에 갓 들어간 학생들이 수업을 마치면 당연히 엄마 차가 있던 곳으로 갑니다.

만약 엄마 차가 없고 기다려도 오지 않는다면, 울고불고 야단이 납니다. 그걸 잘 알기 때문에 부모가 가끔 시간을 맞추지 못할 때는 담임선생님에게 전화를 합니다. "제가 약속한 시간에 도착하지 못할 것 같아요. 4시까지 간다고 좀 전해 주세요." 그러면 담임선생님은 아이에게 "네 엄마, 4시까지 오신대. 이 안에서 장난감 가지고 놀면서 기다리자"라고 말해 줍니다.

그 한마디가 아이에게 얼마나 안정감을 주는지, 4시에 엄마가 올 거라는 약속을 믿고 아이는 혼자 책을 뒤적이든지, 장난감을 가지고 놀든지 하면서 마음 편히 기다립니다. 신뢰하는 엄마로부터 받은 약속, 그 약속 하나면 다른 아이들이 다 돌아가고 혼자 남아도 걱정하지 않습니다. 날이 좀 어두워져도 걱정하지 않습니다. 시간에 맞추어 엄마가 올 줄 믿기 때문입니다. 이것이 '소망'이 주는 기막힌 은혜입니다.

1910년부터 1940년대까지 우리나라는 절체절명의 위기에 처해 있었습니다. 일본이 우리나라를 완전히 삼켜 버리는 바람에 나라가 짓밟혀 암흑 같은 세상이 되었는데, 이 땅에 사는 뜻 있는 사람들이 어찌 편히 잠을 잤겠습니까? 어찌 밥을 제대로 먹었겠습니까? 나라를 생각하면 암담함이 가슴을 눌렀을 것입니다. 그러니 우리 민족에게 근심은 산더미처럼 쌓일 수밖에 없었습니다. 이 시기에 하나님의 자녀들이 생명을 유지할 수 있었던 큰 힘이 하나 있었는데, 그것은 예수님이 재림하신다는 소망이었습니다.

교회마다 요한계시록 강해가 큰 인기였습니다. 길선주 목사는 요한계시록을 만 번이나 읽었고, 그가 부흥집회를 하면 사람들이 인산인해를 이루어 일주일 동안 자리를 뜨지 않고 말씀을 배웠습니다. "주여, 속히 오시옵소서. 아멘" 하는 이 간절한 구호와 함께 우리 선조들은 나라 걱정과 자기 개인의 근심을 내버리고, 매일매일 주님이 주시는 새 힘으로 살아갔습니다. 걱정 많은 사람에게 "나는 돌아갈 집이 있어. 주님이 나를 데리러 오실 거야" 하는 이 소망이 걱정에서 벗어날 힘을 얻게 해 주었습니다.

근심하는 자 같으나 항상 기뻐하고

주님께서 걱정하는 제자들에게 두 가지 처방을 주셨습니다. 그것은 예수님을 하나님으로 믿으라는 권면과 장차 예수님이 제자들을 데리러 오리라는 소망을 가지라는 권면이었습니다. 믿고 소망하든지, 아니면 걱정하든지 둘 중 하나를 선택하라고 말씀하십니다.

이 원리는 오늘을 살고 있는 우리에게도 그대로 적용됩니다. 우리에게 걱정거리가 자꾸 쌓이는 것은 이상한 일이 아닙니다. 세상을 살 동안 우리는 걱정을 피할 수가 없습니다. 그러나 걱정으로부터 우리를 지킬 수는 있습니다. 걱정의 종이 되지 않으려면 주님이 우리에게 가르쳐 주신 대로 행동하기만 하면 됩니다.

그렇다고 해서 전혀 걱정 없이, 걱정을 완전히 초월한 사람처럼 살 수는 없습니다. 세상 사람들 앞에 굳이 위선적인 행동을 할 필요가 없습니다. 걱정스러운 일이 있을 때에는 걱정을 하기 마련입니다. 바울이 쓴 편지를 보면 "근심하는 자 같으나 항상 기뻐하고" 고린도후서 6:10상 라고 나옵니다. 바로 이 모습입니다. 세상이 주는 걱정거리가 아예 없어지는 것은 아니지만, 주님이 가르쳐 주신 방법으로 세상 사람들과 다르게 대처할 수 있습니다.

세상 사람들이 보기에도 근심 때문에 우리 얼굴이 종종 어두워지는 것을 볼 수 있을지 모릅니다. 그러나 우리는 이 근심 때문에 희생당하는 일이 없을 것입니다. 주님만 믿으면, 장차 오실 주님에 대한 소망만 가지면 내 마음속에 나도 모르는 기쁨이 생겨나게 됩니다. 근심 걱정을 벗어 버리고, 그것을 대수롭지 않게 여기며 힘차게 다시 일어날 수 있는 새 힘을 주님께서 허락하십니다. 이와 같은 은혜를 받아 누려야 합니다.

예수님은 우리를 죄와 사망에서 건져 주실 뿐만 아니라, 근심에서도 건져 주시는 분이십니다. 주님은 우리가 모두 행복하기를 바라십니다. 세상 사람과 다른 차원에서 영구한 행복을 누리기를 바라십니다. 그래서 제자들에게 그렇게 말씀하신 것입니다. "근심하지 말라. 하나님을 믿으니 나를 믿으라. 또 내가 처소를 다 예비하면 너희를 데리러 오마. 그러므로 믿고 소망하라. 그리하면 모든 근심에서 벗어날 수 있단다."

❋ ❋ ❋

"너 여기서 울고 있을래? 아니면 아빠 믿을래?"

_ 하나님 아빠가

04》 하나님이 도우시는 사람

신앙생활을 잘해도 위기를 만날 수 있습니다. 내가 무엇을 잘못하지 않았는데도 어려움을 겪을 수 있습니다. 우리 가정에 특별한 문제가 없어도 나라 때문에, 지도자 때문에, 이웃 때문에 우리 가정에 어려움이 닥칠 수 있습니다. 예수 믿는 사람도 예외가 아닙니다. 하나님을 잘 섬기고 하나님 뜻대로 살아도 곤고한 날이 올 수가 있다는 것을 성경은 히스기야를 통해서 분명히 보여 주고 있습니다. 또 하나, 우리에게 이런 곤고한 날이 닥쳤을 때 어떻게 대처하는 것이 이 어려움을 극복하고 이길 수 있는지도 보여 줍니다.

이 모든 충성된 일을 한 후에 앗수르 왕 산헤립이 유다에 들어와서
견고한 성읍들을 향하여 진을 치고 쳐서 점령하고자 한지라
히스기야가 산헤립이 예루살렘을 치러 온 것을 보고
그의 방백들과 용사들과 더불어 의논하고
성 밖의 모든 물 근원을 막고자 하매 그들이 돕더라
이에 백성이 많이 모여 모든 물 근원과 땅으로 흘러가는 시내를 막고 이르되
어찌 앗수르 왕들이 와서 많은 물을 얻게 하리요 하고
히스기야가 힘을 내어 무너진 모든 성벽을 보수하되 망대까지 높이 쌓고
또 외성을 쌓고 다윗 성의 밀로를 견고하게 하고 무기와 방패를 많이 만들고
군대 지휘관들을 세워 백성을 거느리게 하고
성문 광장에서 자기 앞에 무리를 모으고 말로 위로하여 이르되
너희는 마음을 강하게 하며 담대히 하고 앗수르 왕과
그를 따르는 온 무리로 말미암아 두려워하지 말며 놀라지 말라
우리와 함께 하시는 이가 그와 함께 하는 자보다 크니
그와 함께 하는 자는 육신의 팔이요
우리와 함께 하시는 이는 우리의 하나님 여호와시라
반드시 우리를 도우시고 우리를 대신하여 싸우시리라 하매
백성이 유다 왕 히스기야의 말로 말미암아 안심하니라
...
이러므로 히스기야 왕이 아모스의 아들 선지자 이사야와 더불어
하늘을 향하여 부르짖어 기도하였더니
여호와께서 한 천사를 보내어 앗수르 왕의 진영에서
모든 큰 용사와 대장과 지휘관들을 멸하신지라
앗수르 왕이 낯이 뜨거워 그의 고국으로 돌아갔더니
그의 신의 전에 들어갔을 때에
그의 몸에서 난 자들이 거기서 칼로 죽였더라

_ 역대하 32:1-8, 20-21

거대한 위기의 소용돌이

"IMF때보다 살기가 더 힘들다"라는 말이 여기저기서 심심치 않게 들려옵니다. 어떤 면에서는 IMF때의 위기보다 더 심각하다고 걱정하는 분들도 있습니다. 그런 걱정 가운데는 아마도 나라를 이끌고 있는 리더십에 대한 불안감과 불신이 팽배해진 부분도 간과할 수 없습니다.

나라의 중심을 잡아 주고, 국민들의 다양한 소리를 통합해서 내일을 위한 비전을 제시해 주어야 할 리더십들이 제 역할을 하지 못하고 있습니다. 이렇게 되면 국민들이 정부를 신뢰하지 못합니다. 정부 역시 국민들의 지지 없이 나랏일을 하려니 국정운영이 여간 어려운 것이 아닙니다.

이것은 리더십만의 문제가 아닙니다. 우리 모두의 문제이며 나라의 운명을 좌우하는 문제입니다. 그러므로 내가 야당에 속했든, 여당에 속했든 대통령을 위해 기도해야 합니다. 다소 혼란이 있더라도 즉시 제자리를 잡고 안정적인 국정운영을 할 수 있도록 우리가 기도해야 합니다.

만일 통치자가 잘못 판단했다고 합시다. 그래서 그 잘못 판단한 것으로 계속 실정을 했다고 합시다. 그렇게 되면 국정이 혼란에 빠집니다. 외국인 투자자들이 떠나갑니다. 수출길이 막히고 경제가 어려워집니다. 실업이 속출하고 빈부 격차는 계속 벌어집니다. 이런 나라에서 우리가 안심하고 살아갈 수 있겠습니까?

자신의 입장만 고수하며 목소리를 높이고 집단행동으로 나라 전체를 무질서로 만드는 사람들이 여기저기 많습니다. 이것 하나 통제 못하는 나라, 질서를 세우지 못하는 나라에 소망이 있다고 할 수 있겠습니까? 혹시라도 예수만 잘 믿으면 나라가 어떻게 되든 하나님의 은혜로 근심 걱정 없이 살 수 있다고 생각하십니까? 만약 그런 생각을 하고 있다면, 그것은 굉장히 순진하거나 어리석은 사람이라고 할 수밖에 없습니다.

신자든 불신자든 우리는 '대한민국 호'라는 큰 배를 함께 탄 사람들입니다. 한 배를 타고 거친 물결이 소용돌이치는 드넓은 바다를 항해하고 있습니다. 선장 한 사람의 실수로 생긴 어려움이라 할지라도 함께 짊어져야 하는 것입니다. 배에 화재가 나도, 빙하에 부딪혀도 그 위기에 함께 직면하게 됩니다. 폭풍우는 더 말할 것도 없습니다. 그러므로 '신앙생활만 잘하면, 뭐, 나라가 어떻게 되든 걱정할 것 없다'고 생각하는 것은 바른 신앙인의 자세가 아닙니다.

믿음의 왕 히스기야의 위기

성경에 나온 인물 중 히스기야가 이 교훈을 우리에게 이야기해

주고 있습니다. 신앙생활을 잘해도 위기를 만날 수 있습니다. 내가 무엇을 잘못하지 않았는데도 어려움을 겪을 수 있습니다. 우리 가정에 특별한 문제가 없어도 나라 때문에, 지도자 때문에, 이웃 때문에 가정에 어려움이 닥칠 수 있습니다.

예수 믿는 사람도 예외가 아닙니다. 하나님을 잘 섬기고 하나님 뜻대로 살아도 곤고한 날이 올 수가 있다는 것을 성경은 히스기야를 통해서 분명히 보여 주고 있습니다. 또 하나, 우리에게 이런 곤고한 날이 닥쳤을 때 어떻게 대처하는 것이 이 어려움을 극복하고 이길 수 있는지도 보여 줍니다. 이런 면에서 우리 모두 히스기야를 주시할 필요가 있습니다.

히스기야는 우리나라와 같이 남과 북이 분열된 유대나라의 남쪽 왕국 열세 번째 왕입니다. 그는 스물다섯 살에 왕위에 올랐습니다. 그의 아버지 아하스 왕은 매우 악독한 왕이었습니다. 얼마나 사악했는지 하나님을 모시고 섬기도록 지어 놓은 거룩한 성전에 하나님을 섬기는 기구들을 다 치워 버리고 이방신을 섬기도록 우상 제단을 만들었습니다. 하나님의 성전을 완전히 더럽혀 놓은 아주 지독한 왕이었습니다. 또 얼마나 백성들로부터 미움을 받았는지 왕이 죽으면 당연히 묻혀야 할 왕릉에도 들어가지 못하고 엉뚱한 데 묻힌 사람이었습니다.

그런 악한 왕, 영적으로 타락한 왕에게서 히스기야가 태어났습니다. 그런 아버지 밑에서 자란 히스기야는 희한하게도 하나님을 잘 섬기는 사람이었습니다. 하나님의 말씀에 순종하는 왕으로 성경에 기록되어 있습니다. "히스기야가 이스라엘 하나님 여호와를 의지하였는데 그의 전후 유다 여러 왕 중에 그러한 자가 없었으니."_열왕기하 18:5_ 히스기야 왕의 앞뒤로는 아무리 살펴보아도 히스기야처럼 성실한 믿음의 사람이 없습니다.

어떻게 이런 이변이 일어날 수 있었을까요? 바로 어머니의 영향 때문이었습니다. 히스기야의 어머니 아비야는 경건한 제사장 스가랴의 딸이었습니다. 선지자의 딸인 아비야는 어려서부터 신앙 안에서 잘 자란 여성으로 아하스 왕의 왕비가 되었습니다. 그 둘 사이에서 히스기야가 태어났습니다.

자녀교육에 절대적인 영향력은 아버지보다는 어머니에게 있습니다. 어머니의 믿음이 흐리멍덩하면 자녀의 믿음도 그렇게 자랄 수밖에 없습니다. 반면 어머니가 신앙에 철저하면 자녀도 철저하게 됩니다. 아마 자녀를 키워 본 사람이라면 이 말에 다 동의하실 것입니다.

히스기야 왕은 바로 그 어머니의 영향을 받으며 자랐습니다. 그래서 왕위에 오르자마자 하나님 보시기에 좋은 일을 정말 많이 했습니다. 아버지가 더럽혀 놓은 성전을 깨끗하게 다시 일으켜, 하나님만 섬기는 거룩한 성전으로 정화시켰습니다. 나라 곳곳마다 우상을 섬기기 위해 만들어 놓은 산당과 우상들을 다 쓸어 버렸습니다. 나라 구석구석 하나님이 기뻐하시지 않는 모든 것을 개혁했습니다. 뿐만 아니라 수백 년 동안 잊어 버리고 지키지 않던 유월절을 다시 회복시켰습니다. 유월절은 하나님이 이스라엘 백성을 애굽에서 구원해 주신 놀라운 은혜를 기억하고 감사하고 찬양하는 절기입니다.

이렇게 잘못된 것을 바로 잡고, 하나님을 온전히 섬기던 히스기야 왕에게 절체절명의 위기가 찾아왔습니다. 역대하 32장을 보면 재미있는 어구가 하나 나옵니다. "이 모든 충성된 일을 한 후에."_{역대하 32:1상} 이 말은 히스기야 왕이 하나님 앞에서 나라를 깨끗하게 정화시키고, 우상 숭배를 없애고, 성전을 깨끗하게 하고, 유월절을 회복시키고, 또 하나님의 말씀대로 나라를 다스리려고 선정을 베푸는, 이런 '충성된 일을 한 후'라는 말씀입니다. 이 말씀을 현대어성경으로 보면 좀 더 이해하기 쉽습니다. "그토록 귀한 일들을 모두 수행하여 자신의 진실함을 하나님께 증명한 다음에" 위기가 찾아온 것입니다. 앗수르 왕 산헤립이 유다를 침공했습니다.

히스기야식 위기 대처법

인간적으로 생각하면, 하나님께 불평할 상황입니다. "하나님, 이게 무슨 꼴입니까? 저는 전국에 있는 우상을 다 치우고, 오직 하나님만 섬기자고 백성들을 설득했습니다. 그러면 이 나라가 복을 받고, 하나님의 은총을 입는 거룩한 백성이 될 것이라고 백성들에게 자신 있게 이야기했는데, 이게 웬일입니까? 앗수르가 이 나라를 침공하다니요! 제 체면이 뭐가 됩니까?" 대부분의 사람들이 이렇게 말하면서 하나님 앞에 불평했을 것입니다.

그러나 성경 어디를 봐도 히스기야 왕은 하나님께 불평한 흔적이 없습니다. 그는 아무리 신앙생활을 잘해도 어려운 일이 찾아올 수 있다고 생각하며 담담하게 현실을 받아들입니다. 어려움을 겪지만, 어려움 속에서 믿음으로 바르게 대처하면 하나님이 놀라운 복을 안겨 주실 것이라는 그 나름의 희망을 갖고 있었던 것 같습니다. 히스기야 왕이 위대한 것은 평안할 때에나, 위기를 만났을 때에나 변함없이 하나님 앞에 성실했다는 것입니다.

흔히 우리는 '내가 신앙생활 잘하면, 내가 하나님을 전적으로 의지하고 신뢰하면, 내가 주님 뜻대로 살기만 하면 평탄하게 살 수 있다'고 믿습니다. 야베스가 기도해서 응답 받은 것처럼 환란에서 건져 주시고 근심이 없는 인생을 살게 해 주실 거라고 철석같이 믿었는데, 갑자기 어려운 일이 터진 것입니다. 이렇게 두려운 일들이 엄습해 올 때, 히스기야를 주목해 볼 필요가 있습니다.

히스기야가 어려움을 당했을 때 그가 어떻게 대처했는지 보면서 세 가지 교훈을 받을 수 있습니다. 새로운 개념이나 이론이 아닙니다. 항상 듣던 이야기고, 아는 이야기입니다. 그러나 다시 한 번 진지하게 우리 자신에게 적용하면서, 어쩌면 가장 평범해 보이는 이 진리에 우리가 얼마나 순종하고 있었는지, 그 진리를 붙들고 실천하고 있었는지를 스스로 돌아볼 필요가 있습니다.

위기 대처법 1_ 최선을 다했다

첫째로 그는 자기가 해야 할 일에 최선을 다했습니다. 하나님 앞에 도와 달라고 구하기 전에, 또 구하는 중에도 자신이 해야 할 책임을 다했습니다. 그는 적군이 쳐들어올 때 왕으로서 해야 할 일이 무엇인가를 깊이 생각했습니다. '어떻게 하면 적군을 막을 수 있을까? 어떻게 하면 적군이 예루살렘을 포위하지 못하게 하고 장기전이 되지 않도록 할 수 있을까? 어떻게 하면 나아가서 적군을 물리칠 수 있을까?' 이런 것들을 생각하면서 부하들과 의논하며 자신의 손이 미치는 데까지 최선을 다했습니다.

예루살렘 남쪽에 '기혼 샘'이라고 하는 수원지(水源池)가 있습니다. 이곳은 물이 막 솟는 곳이었습니다. 유대 나라는 물이 참 귀한 나라였기 때문에 이 물이 솟는 큰 샘에서부터 수로

4. 하나님이 도우시는 사람

를 만들어 물을 끌어 왔습니다. 그 물로 기드론 골짜기 양편에 있는 과수원에 물을 대고, 또 백성들의 식수로 쓰기도 했습니다. '적군이 쳐들어오는 이 상황에 어떻게 할 것인가?' 히스기야는 생각했습니다. 그러고는 '앗수르 군대가 물을 구하기 어렵도록 만들자' 라는 묘책을 내어 수로를 다 묻어 버렸습니다. 그러고는 지하 500미터 아래에 터널을 파서 기혼 샘에서 나오는 생수를 그대로 끌어와 예루살렘 성 안으로 바로 통하도록 만들었습니다.

적군에게 포위당해도 성 안에 물이 부족해서 백성들이 어려움을 당하지 않도록 대책을 세웠습니다. 그뿐만이 아닙니다. 무너진 성곽은 증축하고 망대도 다시 손질했습니다. 군사들을 재정비하고 무기를 공급했습니다. 그는 인간으로서 할 수 있는 모든 일에 최선을 다해 나라의 위기에 대처한 것입니다.

제가 미국에 가서 집회 인도를 할 때 놀라운 이야기를 하나 들었습니다. 우리 교회에 다니는 한 똑똑한 젊은이가 미국으로 유학을 갔습니다. 몇 년 동안 많이 고생하면서 열심히 공부해 자신이 세운 목표를 달성했습니다. 그러나 한국은 취업하기가 너무 어려워 미국에서 자리를 구하기로 했습니다. 그러나 미국도 어렵기는 마찬가지였습니다. 이 젊은이는 기도하면서 회사에 지원서를 제출했습니다. 그런데 제가 놀란 것은 자그마치 천여 개가 넘는 회사에 문을 두드렸고 지원서류를 넣었다고 합니다. 보통 사람 같으면 상상이나 할 수 있습니까? 결국 그는 좋은 회사에 입사할 수 있었고, 지금 미국에 정착해서 잘 살고 있습니다.

'기도만 하면 다'라고 생각하십니까? 아닙니다. 두드려야 합니다. 열 번 두드려서 열리지 않으면 백 번 두드리고, 백 번 두드려서 열리지 않으면 천 번이라도 두드려야 합니다. 하나님이 길을 열어 주실 때까지 최선의 노력을 다하는 것, 이것이 위기를 극복하는 신앙인의 자세입니다.

"하는 일이 잘 풀리지 않아. 그래서 매일 예배당에 와서 기도하고 있어." 이것은 하나님이 우리에게 원하시는 자세가 아닙니다. 잠잠히 기도해야 할 때가 있으면, 기도하는 마음으로 모든 일을 행하며 나아가야 할 때가 있어야 합니다.

위기 대처법 2_ 하나님의 약속을 믿었다

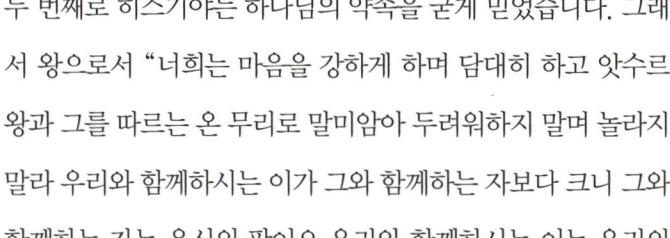

두 번째로 히스기야는 하나님의 약속을 굳게 믿었습니다. 그래서 왕으로서 "너희는 마음을 강하게 하며 담대히 하고 앗수르 왕과 그를 따르는 온 무리로 말미암아 두려워하지 말며 놀라지 말라 우리와 함께하시는 이가 그와 함께하는 자보다 크니 그와 함께하는 자는 육신의 팔이요 우리와 함께하시는 이는 우리의 하나님 여호와시라"역대하 32:7-8상고 선포하며 백성들을 안심시

켰습니다.

또한 "반드시 우리를 도우시고 우리를 대신하여 싸우시리라"역대하 32:8중고 확신에 찬 고백을 합니다. 하나님을 온전히 신뢰함으로 걱정하지 않았습니다. 이렇게 할 수 있었던 것은 하나님께서 히스기야에게 하신 약속의 말씀을 굳게 믿었기 때문입니다.

히스기야는 신명기 28장에 나오는 말씀을 틀림없이 기억하고 온전히 믿었습니다. "내가 오늘 너희에게 명령하는 그 말씀을 떠나 좌로나 우로나 치우치지 아니하고 다른 신을 따라 섬기지 아니하면,"신명기 28:14 이 전제 조건을 지킬 때 "여호와께서 너를 대적하기 위해 일어난 적군들을 네 앞에서 패하게 하시리라 그들이 한 길로 너를 치러 들어왔으나 네 앞에서 일곱 길로 도망하리라"신명기 28:7는 것입니다.

좌로나 우로나 치우치지 않고, 하나님 말씀대로 살면 적군이 쳐들어와도 보호해 주신다고, 승리를 주신다고 하나님께서 약속하신 것입니다. 히스기야는 이 약속을 믿었습니다.

또한 히스기야는 자신 있었습니다. 왕이 된 후, 하나님의 명령에 순종하여 하나님의 나라를 깨끗하게 정리하고 성전을 깨끗하게 세우고 백성들을 하나님 앞으로 돌아오게 이끌었기 때문입니다. 하나님 앞에서 신실하게 살면, 하나님은 전쟁에서도, 기근에서도, 어떤 어려움 가운데서도 말씀에서 약속하신 그대로 반드시 이루어 주실 것이라는 믿음이 그에게 있었습니다. 그런 믿음이 백성들을 격려할 수 있는 원동력이 되었습니다.

하나님은 신실하신 분입니다. 하나님은 절대로 거짓말을 하지 않으십니다. 아브라함을 찾아가서 약속하신 하나님을 기억합니까? "내가 네게 복을 주리라. 내가 네 이름을 창대케 하리라. 내가 네 자손을 하늘의 별과 같이 많게 하고 너로 인하여 전 세계 민족이 복을 받게 하리라." 이것이 하나님의 약속이었습니다. 황당하기 짝이 없는 약속이었습니다.

당시 아브라함에게는 혈육 하나 없었습니다. 혈육 하나 없는 사람 앞에서 "하늘에 있는 별처럼 네 자손이 많아지리라"고 말씀하셨습니다. 아브라함은 가나안 땅에 있는 지극히 작은 부족의 한 족장에 지나지 않습니다. 그런데 하나님께서는 그 이름을 창대케 하시겠다고 합니다. 아브라함은 세계의 어떤 사람과 비교해 보아도 주목받기 어려운 무명인사입니다. 그럼에도 불구하고 하나님은 그의 자손을 통해서 세상이 복을 받게 하겠다고 약속하셨습니다.

성경을 읽어 보면, 또 역사를 통해 이루어진 사실을 보면, 아브라함에게 약속하신 하나님의 그 말씀은 정말 진실한 약속임을 알 수 있습니다. 아브라함만큼 그 이름이 창대케 된 사람이 있습니까? 이스라엘 백성만큼 복을 많이 받은 민족이 있습니까? 이스라엘 혈통에서 난 예수 그리스도로 인하여 온 인류가 어떤 영향을 받았는지, 얼마나 많은 사람이 하늘의 복과 하늘의 구원을 얻게 되었는지 우리는 잘 알고 있습니다. 하나님은 절대 거짓말하시지 않습니다. 히스기야는 이것을 믿었습니다.

아침이면 해가 동쪽 하늘에서 떠오릅니다. 그것을 아무도 의심하지 않습니다. 저녁이면 해가 서쪽 하늘로 집니다. 이 또한 아무도 의심하지 않습니다. 이처럼 하나님께서 창세기부터 요한계시록까지 기록해 놓은 말씀대로 하나님은 반드시 이루십니다.

위기 극복의 최후 복병

그런데 여기에는 실제적인 문제가 있습니다. 우리 모두에게 해당되는 문제입니다. 하나님의 약속은 틀림없다고 우리는 확신합니다. 그러나 막상 어려운 일이 눈앞을 가리고 위기에 직면하면 하나님을 온전히 신뢰하는 것이 결코 쉽지 않다는 것을 경험하게 됩니다.

더 열심히 하나님의 말씀을 붙들어야 할 상황인데, 오히려 그럴 때 하나님의 말씀을 허황된 것처럼 생각하고 밀쳐 내는 일들이 우리에게 빈번히 일어납니다. 정말로 믿음을 가지고 대처해야 할 시기에 정반대로 믿음을 차버리고 싶은 유혹을 받을 때가 많이 있습니다. 이것이 우리의 현실입니다. 목사도 그렇고, 장로도 그렇고, 권사도 그렇고, 집사도 그렇고, 모두 다 그렇습니다. 위기 앞에 서면 믿음이 마구 흔들립니다.

이 문제에 대해 우리가 좀 더 이성적으로 생각해야 할 필요가 있습니다. 히스기야가 하나님을 온전히 신뢰하는 믿음 속에서 고난을 이겼다는 말씀을 보면, '감사합니다! 하나님, 내 문제도 하나님이 해결해 주실 줄 믿습니다' 하는 새로운 기대감이 생깁니다. 그런데 현실은 여전히 그대로입니다. 그러면 이내 마음이 약해지고, 불안해지고, 흔들리게 됩니다. 우리 모두 다 경험하는 일입니다.

탁월한 기독교 변증가이자 문학가인 C. S. 루이스는 『순전한 기독교』Mere Christianity 라는 책에서 아주 멋진 말을 했습니다.

제 믿음을 무너뜨리는 것은 이성이 아닙니다. 오히려 정반대로 제 믿음은 이성에 근거해 있습니다. 정작 제 믿음을 무너뜨리는 것은 저의 상상력과 감정입니다. 믿음과 이성이 한 편이 되고, 감정과 상상력이 다른 편이 되어 싸움을 벌이는 것이지요.

우리는 이성으로 하나님을 알게 되었습니다. 하나님이 한 분이시고, 천지만물을 창조하신 분이라는 사실을 우리의 이성으로 받아들인 것입니다. 또 그분이 나를 위하여 자기 아들을 보내시고 십자가에서 구원하셨다는 것을 우리는 이성으로 받아들입니다. 그러나 위기를 만나면, 이 이성에 근거한 우리의 믿음을 흔들어 버리는 장애물이 생깁니다. 그것이 바로 감정입니다. 위기 앞에 동요되는 것입니다.

일어나지도 않은 일들을 미리 만들어서 공상을 하고 스스로 불안을 조성합니다. 기도한다고 엎드리지만, 기도는커녕 거침없이 달려드는 부정적인 생각들이 꼬리에 꼬리를 물고 이어집니다. 걷잡을 수 없는 부정적인 공상과 엉뚱한 생각들은 우리를 더욱 불안과 두려움에 가두어 버립니다. 이게 감정입니다. 이 근거 없는 감정이 이성에 근거한 믿음을 흔들기 시작하는 것입니다.

어려운 상황에서 하나님을 믿는다는 것이 무엇입니까? 루이스는 이렇게 정의했습니다. "믿음은, 아무리 기분이 바뀌어도 한번 받아들인 것은 끝까지 고수하는 기술art이다." 참 멋진 말입니다. 어려운 상황에서 내가 하나님의 약속을 믿는다는 것은, 이성으로 받아들인 하나님의 말씀을 나의 기분과 상관없이, 흔들림 없이 밀고 나가는 기술이라는 것입니다. 기술을 얻기 위해서는 훈련이 필요합니다. 그렇기 때문에 믿음도 일종의 훈련이 필요하고, 훈련을 통해서 좋은 습관을 기를 필요가 있습니다.

어려운 일을 당하면 내 상한 감정이, 나의 아픈 마음이 나를 끌고 가지 못하도록 해야 합니다. 내가 건강하지 못한 감정에 끌려다니지 않기 위해서는 적당히 감정을 다스릴 수 있는 훈련이 필요합니다. 상한 감정이 내 믿음을 흔들기 위해 부정적인 공상으로 나를 초대할 때, 단호하게 거절해야 합니다. 감정 기복이 심한 채로 끌려다니면서 믿다가 말다가 하는 실수를 범하면 안 됩니다. 믿음 앞에서 냉정해야 됩니다. 이것이 위기를 극복할 수 있는 믿음을 항상 유지하는 비결입니다.

믿음으로 하나님의 약속을 굳게 붙잡고 위기에 대처하는 훈련을 해야 합니다. 감정 때문에 자꾸 왔다갔다 하는 믿음에서 머물러 있으면 위기에서 결코 승리할 수 없습니다. 우주만물을 창조하신 하나님, 전지전능하시고 우리를 사랑하시는 하나님 아버지를 깊이 생각해 봅시다. 그 하나님을 믿는 믿음을 가지고 문제를 해결하는 훈련이 잘 되어 있는지, 그 기술을 잘 갖추고 있는지 스스로 돌아볼 필요가 있습니다.

청교도 목사인 토마스 왓슨이라는 분은 이런 이야기를 했습니다. "물고기가 물 속에서 살듯이 믿음이란 하나님의 약속 안에서 사는 것이다. 하나님의 약속은 팽팽하게 부푼 튜브와 같아서 우리가 아무리 거센 고통의 바다에 빠져도 그 튜브만 잡으면 절대로 가라앉지 않는다." 하나님의 약속의 말씀을 히스기야처럼 꼭 붙들고 있으면, 튜브를 가슴에 안은 어린아이처럼 물에 빠지지 않는다는 말입니다. 우리도 이런 믿음을 가져야 합니다.

위기 대처법 3 _ 하나님께 부르짖었다

세 번째로 히스기야는 간절하게 부르짖으며 기도했습니다. 히스기야 왕은 선지자 이사야와 더불어 "하늘을 향하여 부르짖어 기도하였(다)"역대하 32:20하고 합니다. 열왕기하 19장에도 보면, 앗수르 왕 산헤립이 쳐들어와서 협박하자, 히스기야는 하나님의 성전에 들어가 자기 옷을 찢고 굵은 베를 입고 하나님 앞에 간절히 기도했다고 나옵니다. 혼자서 기도하기 힘들 때에는 선지자 이사야를 불러서 함께 기도하자고 했습니다.

이런 히스기야에게 하나님은 이렇게 말씀하셨습니다. "네가 앗수르 왕 산헤립 때문에 내게 기도하는 것을 내가 들었노라." 열왕기하 19:20 하나님께서 친히 "내가 들었노라"고 말씀하고 계십니다. 그는 하나님이 들으시는 기도를 했습니다. 나중에 히스기야가 병들어 죽게 되었을 때에도 그는 하나님을 향하여 울고 부르짖으며 기도했습니다. 그때에도 하나님은 "내가 네 기도를 들었고, 네 눈물을 보았노라"고 말씀하셨습니다. 그는 기도의 사람이었습니다.

기도는 환란을 이기게 하는 가장 강력한 무기입니다. 기도는 환란에서 쓰러지지 않게 하는 강한 버팀목입니다. 기도하는 사람은 역경을 크게 두려워하지 않습니다. 하나님께서 그 역경의 때를 지날 수 있는 믿음을 지키도록 그를 도우시기 때문입니다. 또 하나님의 약속을 온전히 믿는 믿음으로 견디는 고난의 시간들은 하나님의 더 큰 복을 받고 은혜로 나아갈 수 있는 발판이 됩니다.

시편에서는 "그가 내게 간구하리니 내가 그에게 응답하리라 그들이 환란 당할 때에 내가 그와 함께하여 그를 건지고 영화롭게 하리라" 시편 91:15 고 말씀하셨습니다. 기도하면, 환란에서 건지고 또 영화롭게 하겠다고 하나님이 친히 약속하셨습니다. 히스기야는 이 약속을 의지하여 하나님께 부르짖으며 기도했습니다.

결국 하나님께서 앗수르 군대를 하룻밤에 시체로 만들어 버리시고 겨우 몇 사람만 도망하게 하셨습니다. 게다가 그들과 함께 도망한 앗수르 왕은 결국 자기 아들의 손에 살해당하는 끔찍한 비극을 겪게 됩니다. 하나님께서 히스기야의 기도를 들으시고 앗수르 군대를 심판하신 것입니다. 기도하는 히스기야 앞에서 앗수르 군대가 진멸되었습니다. 기도하는 자에게는 반드시 기적이 일어납니다.

콕스 부부 이야기

어느 잡지에 콕스라고 하는 미국의 젊은 부부 이야기가 나왔습니다. 내용은 평범합니다. 그러나 그 평범함 가운데에서도 우리가 겪을 수 있고, 날마다 실감할 수 있는 이야기를 담고 있어 제가 유심히 읽으며 감동을 받았습니다.

콕스 부부는 세 살배기 아이와 태어난 지 두 달밖에 안 된 아이를 데리고 사는 젊은 부부입니다. 다니던 회사가 부실경영으로 망해서 남편이 실직을 했습니다. 좀 모아 두었던 돈은 둘째 아이를 낳으면서 바닥이 났습니다. 그날 벌어서 그날 사는 사람들이라 이렇게 돈을 쓰고 나니 남은 게 하나도 없었습니다.

그런데도 이들 부부는 밤마다 성경을 펴놓고 읽습니다. 하나님의 말씀을 읽다가 감동적인 약속의 말씀이 있으면 그것을 가지고 서로 나누고, 위로하고, 격려하고는 함께 손을 잡고 간절히 기도했습니다. "하나님, 우리를 이 위기에서 건져 주세요. 남편에게 직장을 주세요."

어느 날 저녁에는 마태복음 6장 33절의 말씀을 보게 되었습니다. "너희는 그의 나라와 그의 의를 구하라. 그리하면 이 모든 것 – 이방 사람들이 걱정하는 것, 먹고 마시는 모든 문제를 하나님께서 해결해 주실 것이다." 콕스 부부는 이 말씀을 꼭 붙들었습니다. 이 말씀에 따라 아무리 어려워도 하나님의 뜻을 따르는 것을 우선순위에 두자고 약속했습니다. 그리고 재정을 위해 하나님께 손 내밀지 말자고 했습니다. 왜 손 내밀지 말자고 했을까요? 그것은 하나님이 다 알아서 해준다고 하셨으니까 하나님만 바라보겠다는 뜻이었습니다. 그렇게 약속을 하고 기도하고 서로 위로했습니다.

아침이 되어 남편이 직장을 구하러 나가면, 어린 자녀들을 데리고 집안에 남아 있는 아내는 당황스러워집니다. 기도할 때에는 하나님이 금방이라도 은혜를 주실 것 같았는데, 해가 뜨고 나면 직장을 주시고, 모든 문제가 다 해결될 것 같았는데, 아침에 일어나서 보면 아무런 변화도 없었습니다. 아무 일도 일어나지 않습니다.

얼마나 마음이 불안하겠습니까? 자기도 모르게 의기소침해지고, 불길한 생각들이 자꾸 마음을 흔들어 버립니다. 철없이 놀고 있는 자녀들을 보면 불쌍해서 가슴이 아프고, 그러고 있는 자기 모습도 너무나 처량해서 점점 우울해집니다. 아무리 거기에 끌려가지 않으려고 해도 '죽고 싶다. 살고 싶지 않다' 하면서 계속 끌려가는 것입니다. 저녁에는 기도하면서 힘을 얻었지만, 낮이 되면 찾아오는 이런 심리적 갈등 때문에 고통 받으며 힘겹게 하루하루를 보냅니다. 하지만 감정에 눌리지 않고, 믿음으로 하나님의 말씀을 붙잡고 나아갔습니다.

어느 날 전화벨이 울렸습니다. 받아 보니 가까운 사이는 아니지만, 교회에서 인사하고 지내는 집사님 한 분이었습니다. "저, 이상하게 부인 가정이 자꾸 생각나서요. 혹시 가정에 무슨 일이 있으세요? 있으면 저에게 좀 말씀해 주시겠어요?" 처음에는 괜찮다고 대답했지만 진지하게 물어오는 집사님에게 사실을 이야기했습니다. "남편이 실직을 했고, 우리는 무일푼이에요." 그 집사님은 "아, 그래요? 우리도 교회에서 열심히 기도할게요. 하나님이 어려움 중에도 함께하신다는 사실을 잊지 마세요"라며 전화를 끊었습니다.

그 후 한 일주일쯤 지났을 때, 교회 친구 하나가 지나가면서 봉투를 건네주었습니다. 열어 보니 50달러가 들어 있었습니다. 그때 이들 부부가 갖고 있던 전 재산은 39센트였습니다. 정말 감사한 일이었습니다. 그것으로 장을 보고 요리를 해서 자녀들과 따뜻한 저녁식사를 할 수 있었습니다. 이들 부부는 앉아서 "하나님, 때를 따라 일용할 양식을 주셔서 감사합니다" 하고 기도를 드렸습니다. 2주 동안 그 돈을 가지고 생활했고, 다시 재정이 바닥났습니다. 여전히 직장은 구해지지 않았습니다.

주일학교에서 봉사하고 집으로 돌아오려고 하는데, 목사님 한 분이 달려오시더니 하얀 봉투 하나를 건네 주셨습니다. 이름을 밝히지 말라며 어떤 분이 주었다는 것입니다. 집에 와서 뜯어보니 봉투에는 150달러가 들어 있었습니다. 콕스 부부는 하나님께 정말 감사할 수밖에 없었습니다. 그것을 보면서 이들은 때를 따라 일용할 양식을 주시는 하나님을 깊이 체험하게 되었습니다.

남에게 도움을 받아서 산다는 것이 쉬운 일은 아닙니다. 절대 아닙니다. 그러나 이들 부부는 하나님께서 까마귀를 통해 엘리야에게 먹을 것을 보내 주셨던 것과 같은 그런 기적을 체험한 것입니다.

그렇게 넉 달이 지난 후에 남편은 신발 파는 큰 가게에 취직이 되었습니다. 그리고 첫 월급을 받게 되었습니다. 부부는 함께 그 첫 월급을 앞에 놓고 감사 기도를 드렸습니다. 그리고 이 부부는 어려운 과정을 통해 깨달은 두 가지가 있다고 했습니다. 첫째는 하나님은 신실하시다는 것과 또 하나는 하나님의 약속에는 거짓이 없다는 것입니다. 신실하시다는 것을 본인들이 실제적으로 체험했다고 했습니다. 또 한 가지, 간절히 구하고 기도하면 정확한 때에 하나님께서 반드시 들어 주신다는 것을 배웠다는 것입니다.

상상치 못한 은혜와 축복

우리에게 크고 위협적인 앗수르 군대는 무엇입니까? 가난입니까? 실직입니까? 아니면 육체의 질병입니까? 자녀문제입니까? 지금 우리를 포위하고 있는 앗수르 군대가 도대체 무엇입니까?

예수를 잘 믿어 보려고 최선을 다했는데, 교회에서 하나님의 말씀대로 살려고 있는 힘을 다해 충성했는데, 우리의 예상과

달리 생각지도 않은 어려운 일을 당해 고통 받고 있습니까? 그때에 히스기야를 떠올려 보십시오. 할 수 있는 일에 최선을 다하는 그를 배우고 그를 닮아야 합니다.

그러나 더욱 중요한 것이 있습니다. 날마다 하나님의 말씀을 읽으면서 나아가야 합니다. 당신을 위해 하나님께서 주신 약속의 말씀이라고 깨달아지는 본문이 있으면 그 말씀을 붙들고, 그 약속을 100퍼센트 믿으십시오. 하나님께서 당신에게 주신 그 약속을 믿고 선포하고, 그 약속을 믿고 생각하고, 그 약속을 믿고 행동하십시오.

또한 히스기야처럼 하나님 앞에 부르짖고 기도하십시오. 그러면 정확한 때에 하나님께서 손수 우리 앞에 앗수르 군대를 모두 물리쳐 주실 것입니다. 고난을 통해서, 역경을 통해서 과거에는 상상치도 못했던 놀라운 은혜와 축복을 체험할 수 있을 것입니다.

❁ ❁ ❁

기도는 우리를 환란에서 쓰러지지 않게 하는
강한 버팀목이다.

05 » 예수의 인내를 배우자

'인내' 하면 대개 약간은 정적이고 수동적인 의미라고 생각합니다. '참는다' 는 것을 그저 꼼짝하지 않고 고통을 고스란히 감내하며 견뎌 내는 것이라고 생각합니다. 어떤 일에 실패하면 문을 걸어 잠그고 우울한 기분이 회복될 때까지 혼자서 온갖 좌절감을 삼키며 참아 내는 것, 흔히 이것을 인내라고 생각합니다. 하지만 히브리서에서 말씀하고 있는 '인내' 라는 뜻의 헬라어 '히포모네' 는 정적이고 수동적인 인내를 가리키는 말이 아닙니다. 그와 반대로 적극적이고 능동적인 인내를 가리킵니다.

이러므로 우리에게 구름 같이 둘러싼 허다한 증인들이 있으니
모든 무거운 것과 얽매이기 쉬운 죄를 벗어 버리고
인내로써 우리 앞에 당한 경주를 하며
믿음의 주요 또 온전하게 하시는 이인 예수를 바라보자
그는 그 앞에 있는 기쁨을 위하여 십자가를 참으사
부끄러움을 개의치 아니하시더니
하나님 보좌 우편에 앉으셨느니라
너희가 피곤하여 낙심하지 않기 위하여
죄인들이 이같이 자기에게 거역한 일을 참으신 이를 생각하라

_ 히브리서 12:1-3

조금만 더 견뎠더라면

빅터 프랭클이라는 유대인 의사가 쓴 『죽음의 수용소에서』Man's Search for Meaning라는 책이 있습니다. 그는 독일 나치 시대에 잔혹하기로 유명한 감옥에 끌려가 수년간 생사를 넘나드는 고통을 당했습니다. 그때의 경험으로 이 책을 쓴 것입니다. 이 책에서 소중한 진리를 담고 있는 이야기 하나가 제 마음을 사로잡았습니다.

1944년 성탄절 전후에서 1945년 신년 연휴 즈음까지, 불과 2주 사이의 일이었습니다. 이 의사가 수감되어 있었던 수용소에서 많은 유대인 수감자들이 죽었다고 합니다. 무슨 질병 때문에 죽은 것도 아니고, 그 악명 높은 가스실에 끌려가 죽음을 당한 것도 아니었습니다. 수많은 수감자들이 죽은 이유는 바로 크리스마스 시즌이 지나갔기 때문이었습니다.

많은 유대인 수감자들의 마음은 이미 어린아이와 같은 꿈으로 부풀어 있었습니다. 이번 크리스마스가 되면, 석방되어 집으로 돌아갈 수 있지 않을까 하는 기대에 찬 꿈 말입니다. 그렇게 되면, 집에 돌아가서 크리스마스트리를 만들고 트리 위에 전등을 밝히고, 옛날처럼 가족들과 따뜻한 크리스마스를 보낼 수 있지 않을까 하는 막연한 기대감에 설레었던 것입니다.

그런데 성탄절이 지나도 전혀 석방될 기미가 보이질 않자 이

전보다 더한 절망감으로 많은 수감자들이 마음의 병을 얻게 되었습니다. 그것이 몸에도 악영향을 미쳐 그들의 생명까지 앗아가는 결과를 낳았다고 이 책은 이야기하고 있습니다.

연말, 연초 2주 남짓 되는 이 시간 동안 수많은 수감자들이 차가운 감옥에서 죽음을 맞이했다고 합니다. '그들이 조금만 더 견뎠더라면…' 하는 안타까운 마음이 듭니다. 이 일이 있은 지 불과 4개월 만에 히틀러가 항복했기 때문입니다. 4개월 남짓 되는 그 시간만 잘 견뎠더라면 수감자들은 모두 고향으로 돌아갈 수 있었을 텐데, 그래서 각자 가족들과 함께 아름다운 날을 맞이할 수 있었을 텐데, 그 4개월을 못 참고 절망 속에 죽었다는 이야기입니다.

이것은 우리 삶에서 인내가 얼마나 중요한가를 단적으로 보여 주는 이야기입니다. 신앙생활을 잘하기 위해서, 사회생활에 성공하기 위해서 인내가 꼭 필요하다는 것을 상식으로나 경험으로 우리는 잘 알고 있습니다.

인간은 믿음으로 구원을 얻습니다. 하지만 믿음은 인내 없이 열매를 맺을 수 없습니다. 우리는 믿음의 눈을 들어 주를 바라보며 세상을 이겨냅니다. 이 어두운 세상을 이길 수 있는 믿음은 인내 없이는 아무 효력을 발휘하지 못합니다. 우리는 인생의 고초, 절망, 고통을 믿음으로 극복할 수 있는 것을 잘 알고 있습니다. 하지만 이와 같은 고난을 극복하는 믿음도 인내 없이는 그 기쁨의 단을 거둘 수 없습니다. 하나님을 향한 절대적인 믿음은 인내를 통해서만 증명되기 때문입니다.

믿음을 이루는 여정

신앙생활뿐만 아니라, 사회생활에서도 인내의 중요성을 참 많이 보게 됩니다. 캐빈 쿨리라는 사람은 "이 세상에는 재능이 있으면서도 성공하지 못하는 사람들이 참 많습니다. 다른 사람들보다 훌륭한 교육을 많이 받았지만, 성공하지 못한 사람들도 많이 있습니다. 또한 특별한 용기를 가지고 있었지만 성공하지 못한 사람들도 많습니다. 왜 그럴까요? 그 이유는 단 하나 인내하지 못했기 때문입니다. 참을성이 없었기 때문에 그렇게 된 것입니다"라는 말을 남겼습니다. 저는 이 이야기에 참 많이 공감합니다.

지금 우리는 국가적으로나 개인적으로 매우 어려운 처지에 놓여 있습니다. 영국의 경제잡지인 「이코노미스트」에서 한껏 비꼬는 어투로 우리나라에 대해 이런 기사를 썼습니다. "그처럼 빨리 부자가 된 나라도 없었고, 그처럼 갑작스럽게 모욕을 당한 나라도 없었다." 굶주린 북한, 부도위기에 몰린 남한, 이래저래 우리나라는 온 세계의 구경거리가 된 것입니다.

이런 형편에서 우리 모두에게 필요한 성품은 바로 인내입니다. 한 번 건강을 잃으면 누구든지 그 건강을 회복하기까지 시간이 필요합니다. 성급하게 건강을 회복하려고 조바심을 내다가는 더 깊은 수렁으로 빠져 버리기 십상입니다. 나라도 마찬가지입니다.

우리나라는 이미 오래 전부터 중병에 들었다는 증상이 이곳 저곳에서 많이 나타났습니다. 그러나 그런 증세들이 감지되었을 때, 대수롭게 여기지 않고 쉬쉬하며 전혀 돌보지 않았습니다. 설마 하는 생각으로 요행을 하나님처럼 믿으며, 병든 곳을 묵인하고 지나쳤습니다. 국민들이 잘못된 길로 간다 싶으면, 이 땅의 요직을 맡고 있는 지도자들이라도 먼저 올바른 방향으로 나아가고 이끌어야 하는데, 안타깝게도 그것이 안 되고 있는 것이 이 나라의 현실입니다.

그러나 이렇게 주저앉아 있을 수만은 없습니다. 정신 차리고 다시 일어나야 합니다. 아프더라도 과감하게 고칠 것은 고치고, 깨뜨릴 것은 깨뜨리고, 버릴 것은 버리고 다시 일어나야 합니다. 한 번 잘못된 것을 바로 잡는 데는 많은 시간이 필요합니다. 그 시간의 여정을 걸어가기 위해 반드시 필요한 것이 바로 인내입니다. 참고 기다려야 한다는 말입니다.

히브리서 12장 말씀은 성경에서 인내를 가르치는 대표적인 본문입니다. "인내로써 우리 앞에 당한 경주를 하며." 히브리서 12:1하 그 다음은 "십자가를 참으사" 히브리서 12:2중 라고 되어 있고, 이어 "(죄인들이) 이같이 자기에게 거역한 일을 참으(셨다)" 히브리서 12:3하 는 말씀이 나옵니다. '인내'와 '참는다' 이렇게 각각 다르게 번역했으나, 원어 성경을 보면 똑같은 말로 표현되어 있습니다.

믿음의 선배들

히브리서 12장은 우리가 잘 알고 있는 '믿음장'인 11장과 연관되어 있는 말씀입니다. 11장에는 세상에서 하나님을 믿고 구원을 얻기까지 남다른 믿음을 가지고 고군분투하며, 믿음의 싸움에 승리한 선조들 수십 명을 나열하고 있습니다. 그들은 이미 믿음으로 승리한 사람들입니다. 11장에 열거된 위대한 믿음의 조상들을 12장에서 "허다한 증인"이라 부르고 있습니다. 마치 운동장 스탠드를 가득 메우고 앉아 응원하는 군중처럼, 구약에 출현했던 수많은 믿음의 선배들이 허다한 증인이 되어 지금 우리를 지켜보며 응원하고 있다는 것입니다.

믿음으로 승리한 선배들의 가장 큰 특징 중 하나는 어느 때에도 인내했다는 것입니다. 그들에게 있어서 믿음은 바로 인내를 가르쳐 주는 스승이었습니다. 인내는 믿음이고, 믿음은 곧 인내였습니다. 그들은 인내를 가지고 믿음을 지켜 왔고, 그 믿음 때문에 구원을 얻었습니다. 혹독한 환란과 핍박 속에서도 인내로 믿음을 견고히 지켰기에 승리한 것입니다.

성경에 기록된 수십 명의 위대한 믿음의 선조들은 이 세상에서 신앙을 지키기에는 너무나 어려운 시대를 살았습니다. 그들은 양자택일의 상황에 놓여 있었습니다. 예수를 믿음으로 세상에서 망하느냐, 죽느냐 아니면 예수를 믿지 않고 거부함으로써 이 세상에 살아남느냐 하는 기로에 서 있었습니다. 믿음의 선조들은 다 바보같아 보이는 길을 선택했습니다. 예수 그리스도를 선택하고 세상에서 죽는 것이었습니다. 그것은 세상 사람들이 불쌍하게 여기는 초라한 신세로 전락하는 것을 의미합니다. 그들은 오만 가지 고통과 서러움, 핍박과 멸시를 당했습니다. 예수 그리스도를 믿는다는 그 이유 하나 때문에….

그러나 지금 그들은 다 하나님 나라에 들어갔습니다. 예수 그리스도를 믿기로 결정하고 세상에서 죽기를 각오했을 때 당한 고난이 히브리서 11장에 나옵니다. "돌로 치는 것과 톱으로 켜는 것"과 같이 말만 들어도 소름 끼치는 고문이 나옵니다. "시험과 칼로 죽임을 당"하는 사람도 있고, 죽지는 않지만 쫓겨다니며 고생한 사람들도 있습니다. 이어 "양과 염소의 가죽을 입고"라는 표현이 나옵니다. 이 가죽 옷은 저주의 옷입니다. 그 뻣뻣한 가죽과 내 살이 닿는다고 상상해 보십시오. 그런 가죽을 몸에 걸치고 도망 다니는 그들이 당하는 첫 번째 고통이 궁핍입니다.

자녀가 배고프다고 울어도 줄 것이 없기에, 매일 하늘을 보며 하나님께 부르짖는 삶을 살 수밖에 없는 궁핍함, 이것이 그들이 겪은 고통이었습니다. 이런 와중에도 그들은 인내하며 승리했다고 성경은 전하고 있습니다. 우리 마음에 있는 은근한 불안감은 어쩌면 이런 믿음의 선조들 앞에서는 너무나 가벼워 보일지 모릅니다. 그러나 오늘날 이 히브리서 말씀이 국가적으로 큰 경제 위기에 처한 우리에게 정확히 적용되고 있다는 사실을 분명히 알 필요가 있습니다.

히브리서 12장은 이렇게 많은 위대한 믿음의 선조들, 인내의 선배들이 있지만 특별히 주목해야 할 분은 예수님이라고 강조합니다. "믿음의 주요 또 온전하게 하시는 이인 예수를 바라보자" 히브리서 12:2상, 이어 "…참으신 이를 생각하라" 히브리서 12:3하 며 인내의 본이 되신 예수 그리스도를 이야기합니다. 예수님의 짧은 생애는 인내로 점철되어 있습니다. 그분은 이 세상을 구원하기 위해 오셨고 구원자로서 자기 소임을 다하기 위해 베들레헴 마구간에서부터 골고다 언덕 십자가에 이르기까지, 그 험난한 여정을 인내하며 달렸고 마침내 승리하셨습니다.

달리면서 인내하다

예수님의 인내야말로 완전한 인내입니다. 하나님의 뜻에 온전히 순종하고, 인간의 연약함을 참고 견디며 그 길을 걸었습니다. 그런 예수님의 인내 가운데, 우리는 특별히 두 가지 특징을 발견하고 배울 수 있습니다.

첫 번째, 예수님의 인내는 달리면서 참는 것이었습니다.

"인내로써 우리 앞에 당한 경주를 하며." 히브리서 12:1하 이것은 지나가는 말로 써놓은 것이 결코 아닙니다. 이 말씀을 쉽게 풀면 "달리면서 인내하라. 인내하면서 달려라"는 뜻입니다. 이처럼 하기 위해 "믿음의 주요 또 온전하게 하시는 이인 예수를 바라보자" 히브리서 12:2상고 합니다. 예수 그리스도야말로 달리면서 인내하신 분이요, 인내하면서 달리신 분입니다.

'인내' 하면 대개 약간은 정적이고, 수동적인 의미를 가지고 있다고 생각들을 합니다. '참는다'는 것을 그저 꼼짝하지 않고 고통을 고스란히 감내하며 견뎌 내는 것이라고 생각합니다. 병이 나서 고통스럽지만 이 고통이 지나가기까지 병상에서 이를 악물고 참아 내는 것을 인내라고 여깁니다. 어떤 일에 실패하면 문을 걸어 잠그고 우울한 기분이 회복될 때까지 혼자서 온갖 좌절감을 삼키며 참아 내는 것, 이것을 우리는 흔히 인내라고 생각합니다.

그렇지만 히브리서에서 말씀하고 있는 '인내'라는 뜻의 헬라어 '히포모네'는 위에서 말한 정적이고 수동적인 인내를 가리키지 않습니다. 오히려 적극적이고 능동적인 인내를 가리킵니다. 나약하기 때문에 어쩔 수 없이 당하고 참아 내는 것을 가리키는 것이 절대로 아닙니다.

예수님의 모습을 보면 알 수 있습니다. 예수님은 자기 앞에 있는 즐거움을 바라보고 십자가를 참으셨습니다. 주님은 그 십자가가 얼마나 고통스럽고, 얼마나 부끄러운 죽음인지를 아주 잘 알고 계셨습니다. 하지만 그것을 개의치 않으시고 부끄러움을 참으심으로 십자가를 향해 달려갔습니다. 바로 이것이 '히포모네'의 인내입니다.

예수님은 죄인들로부터 많은 멸시를 당했습니다. 예수님을 하나님의 아들로 인정하지 않으려는 수많은 악한 사람들에게 밤낮없이 시달리며 고통당하셨지만, 주님은 그 모든 것을 참으셨습니다. 그뿐만 아니라, 죄인들을 향해 계속해서 복음을 전하셨습니다. 이것이 바로 경주하면서 인내하는 '히포모네'의 모습입니다.

배가 고프다고 아무것도 하지 않은 것이 아니라, 오히려 고픈 배를 움켜쥐고 나아가 복음을 전하는 데 매진했습니다. 이것이 바로 달리면서 인내한 예수님의 자세입니다. 사람들이 자기를 반기지 않는다고 그들을 피하는 것이 아니라, 그들에게 찾아가 병자를 고치고 복된 소식, 하늘의 복음을 전했습니다. 바로 이것이 '히포모네'입니다. 죽음의 때가 오고 있다는 것을 잘 알고 있으면서도 몸을 숨기지 않고, 자신을 죽이려는 세상

앞에 담담히 "내가 여기 있노라"고 말씀하며 나아가셨습니다. 바로 이것이 달리면서 참는 것의 진정한 본입니다.

　예수님이 이렇게 할 수 있었던 것은 하나님의 온전한 뜻이 자신을 통하여 이 땅 가운데 이루어지고 있음을 확신하셨기 때문입니다. 수치스럽고 고통스럽지만, 십자가를 지는 것이 바로 하나님의 뜻이기에 해야 한다는 사실을 분명히 알고 계셨습니다. 그 때문에 예수님은 고통 가운데 십자가에 달리면서도 참을 수 있었고, 참으면서 달릴 수 있었습니다. 예수님은 주저앉지도 도망가지도 않으셨습니다. 하나님을 기쁘시게 하는 것이, 하나님의 뜻을 이루는 것이 삶의 온전한 의미라고 확신했기 때문에 흔들리지 않고 달리면서 인내할 수 있었습니다.

　히포모네는 불행할 때 가만히 있는 인내를 말하는 것이 아니라, 큰 충격이 따르더라도 개의치 않고 일하는 인내를 말합니다. 슬픔으로 주저앉아 울고 있는 인내가 아니라 눈물을 훔치면서 일터로 달려가는 것을 말합니다.

　우리의 입장에서 설명하면 이런 것입니다. 장애물이 가로막아도 나는 물러서지 않고 시장으로 갑니다. 직장으로 갑니다. 남을 섬기는 곳으로 갑니다. 어딘가 나의 할 일이 있을 만한 곳을 찾아나섭니다. 열심을 내는 자세, 이것이 바로 달리면서 인내하는 사람의 자세입니다. 그런 사람은 심지어 몸이 아파도 가만히 누워 있기를 거부합니다.

진정한 히포모네

인내의 참된 비결은 참는 동안 다른 할 일을 찾는 데 있습니다. 이 문이 막히면 다음 문을 두드리는 도전입니다. 그 문도 막히면 뒷문을 두드려 보는 것입니다. 문이 열릴 때까지 두드리면서 달려가는 자세입니다. 이것을 가리켜 '참는다'고 합니다. 찬바람을 견딘 사람이 봄바람을 맞을 수 있고, 먹구름을 물리친 사람만이 태양을 볼 수 있습니다.

독일의 작곡가 베토벤은 귀가 들리지 않아 고생을 했습니다. 음악가로서 귀가 나쁘다는 것은 치명적인 일입니다. 청각을 잃어 가던 그는 결국 아무것도 들을 수 없게 되었습니다. 보통 사람이라면 음악이고 뭐고 신세를 한탄하며 모든 것을 포기하고 주저앉아 버렸을지도 모릅니다. 어쩔 수 없으니까 그저 그 모든 고통을 참아 내느라 애를 썼을지 모릅니다.

그러나 베토벤은 그렇게 하지 않았습니다. 그는 귀가 멀자 "나는 생을 목구멍으로 살겠다"라고 다짐하며 포기하지 않았습니다. 귀가 멀었으니 이제는 목구멍으로 생을 살겠다는 이 결심이 고통 가운데서도 그 유명한 '심포니9 합창'을 탄생시켰습니다. 바로 이런 자세가 히포모네입니다.

예수님이 이 같은 인내를 몸소 보여 주셨기에 예수님을 따르는 자들은 예수님과 닮은 인내의 주인공이 될 수 있었습니다.

바울이 그랬고, 베드로가 그랬고, 요한이 그랬습니다. 바울은 "누구든지 예수님을 믿고 따라가려고 하는 자들은 다 이와 같이 히포모네, 인내의 주역이 되어야 한다"고 가르칩니다. "우리가 사방으로 우겨쌈을 당하여도 싸이지 아니하며 답답한 일을 당하여도 낙심하지 아니하며 박해를 받아도 버린 바 되지 아니하며 거꾸러뜨림을 당하여도 망하지 아니하고." _{고린도후서 4:8-9} '아니하며, 아니하며, 아니하며' 하는 이 자세가 인내하는 자세입니다. 또 예수를 믿는 우리가 이렇게 해야 한다는 뜻입니다.

성경은 이런 자세를 가지고 삶을 사는 사람을 일컬어서 '인내한다'라고 말합니다. 예수님이 보여 주신 뛰면서 인내하는 그 인내가 우리에게 있습니까? 어쩌면 지금이 당신에게 고난의 때일 수도 있습니다. 어쩌면 처음에 충격이 너무 커서, 달리고 싶어도 발이 잘 떨어지지 않을지도 모르겠습니다. 그러나 그 충격적인 순간을 넘기고 나면 그 다음부터는 일어나 달려야 합니다. 가만히 앉아서 견디어 내는 것이 인내라고 생각하면 큰 오산입니다. 믿음의 선조들과 같이 달리면서 참아야지, 앉아서 참고 있으면 안 됩니다.

미국에서 여러 교회에 영향을 끼치며, 많은 목회자들에게 주목받고 있는 릭 워렌이라는 목사가 있습니다. 우리에게는 『목적이 이끄는 삶』The Purpose Driven Life이란 책의 저자로 더 친숙

한 분이지요. 이 분은 어려서부터 이상한 병이 있었습니다. '뇌기능부전'이라고 하는 병인데, 어려서부터 날마다 병원에서 살다시피 하고 어떤 때는 학교도 못 가는 어려운 형편 속에서 자랐다고 합니다. 우리 뇌에는 아드레날린이라고 하는 호르몬이 분비됩니다. 이것은 우리에게 열정을 불러일으키기도 하고, 조심성을 갖게 하기도 하고, 또 에너지가 필요할 때는 에너지를 공급하기도 합니다. 그래서 사람들을 이끌어야 하는 리더들에게는 아드레날린이 굉장히 중요한 역할을 합니다.

그런데 뇌기능부전증을 앓는 사람들은 이 호르몬이 뇌에 분비될 때마다, 뇌가 호르몬에 비정상적인 반응을 하게 됩니다. 뇌에 아드레날린이 분비 되면 심한 현기증이 일어나기 시작합니다. 시간이 좀 지나면 시력이 갑자기 떨어져 앞의 사물이 잘 안 보이게 됩니다. 머리가 깨질 듯이 아프면서 공포증이 심하게 몰려오다가 결국에는 의식을 잃고 쓰러집니다. 굳이 비유하자면, 간질병 증세와 비슷하다고 말할 수 있습니다.

그런 고통의 순간이 다가오면 얼마나 무서운지 릭 워렌 목사는 "마치 그때는 엠파이어 스테이트 빌딩 꼭대기에서 손가락 하나를 딱 걸고 아래를 내려다보는 것 같다"고 표현합니다. "얼마나 무서운지, 설교를 하다가도 가끔 이런 증상이 나오면 교인들이 갑자기 보이지 않아요. 그러고는 머리가 터질 듯이 아파서 '이러다가 쓰러지면 어쩌나' 하는 무서운 공포가 몰려옵니다."

그럼에도 불구하고 이 목사는 지난 18년 동안 놀라운 하나님의 교회를 일구어 냈습니다. 이것이야말로 정말 기적이라고밖에는 설명이 되지 않습니다. 그는 주일에 네 번을 설교하는데, 설교하러 올라갈 때마다 중보기도 팀에게 찾아가 "나를 위해 기도해 달라"고 요청한다고 합니다. 그러고는 강단에 올라가 설교할 때 마음으로 계속 하나님께 기도한다고 합니다. "하나님 제가 이 시간을 견딜 수 있도록 해주옵소서. 이 약한 그릇을 사용해 주옵소서. 저의 약함 속에 당신만이 능력이 되게 하옵소서. 주님, 제가 이 자리에서 쓰러지면 안 됩니다."

제가 이 기사를 읽으면서 '이것이야말로 진정한 히포모네다. 달리면서 인내하고, 인내하면서 달리는 자세다' 하며 무릎을 쳤습니다. 웬만한 사람 같으면 이런 상황에 목사가 될 수 있었겠습니까? 그의 모습은 우리에게 많은 도전을 줍니다.

우리가 처한 어려운 상황 앞에서, 우리 육신의 연약함 위에 하나님의 강함이 드러날 때까지 인내해야 합니다. 히포모네는 뒤로 물러서는 자세가 아닙니다. 모든 것을 떨쳐 버리고 하나님을 바라보며 열심히 뛰어가는 모습입니다. 장벽이 있으면 뛰어넘고, 가로막혔으면 손으로 밀어붙이는 것입니다. 그래도 안 되면 방망이를 가지고 와 그 벽을 헐고 뛰어가는 것입니다. 이것이 인내입니다. 우리에게 이 인내가 필요한 때입니다.

기뻐하며 인내하다

예수님께서 보이신 인내의 두 번째 모습은 기뻐하면서 참는 것입니다. "그는 그 앞에 있는 기쁨을 위하여 십자가를 참으사" _{히브리서 12:2중} 그 앞에 있는 기쁨이 무엇인지 예수님은 아셨습니다. 십자가를 지고 나면 하나님께서 죽음에서 일으키신다는 것, 죄와 사망의 권세를 이기고 참 정복자로 서실 것을 아셨습니다.

예수님은 십자가에서 승리하고 나면 하나님께서 하늘과 땅의 권세를 다 위임해 주실 것을 알았고, 자신을 통하여 전 인류가 하나님께 구원 받는 영광의 날이 도래할 것을 알았습니다. 비록 십자가가 부끄러운 것이요, 잔인한 죽음의 상징이었지만, 예수님은 그 뒤에 주어질 영광을 바라보고 기쁨으로 십자가의 죽음을 맞이하셨습니다.

결국 예수님은 기뻐하면서 참으신 것입니다. 이 사실은 요한복음 15장에 잘 나타나 있습니다. 예수님은 이제 몇 시간 후면 십자가를 져야 합니다. 제자들과 헤어지는 순간에 예수님은 제자들에게 많은 이야기를 하셨습니다. "내가 왜 너희에게 이 같은 말을 많이 하는지 아느냐?" 주님이 물으시고는, "내가 지금 가지고 있는 기쁨이 너희 안에 있어서 너희 기쁨을 충만하게 하기 위해서다"라고 대답하셨습니다. 십자가형을 불과 몇 시간 앞두고 있는 예수님의 마음에 기쁨이 있다고 하십니다. 이 기쁨을 제자들에게 나누어 주려고 하신답니다. 예수님은 이 기쁨을 제자들이 받아서 그들의 가슴 속에도 기쁨이 충만해지기를 간절히 바라고 계셨습니다.

우리는 이것을 이해하기 어려울 수 있습니다. 그러나 간단합니다. 예수님은 참으시되, 기쁨으로 참으셨습니다. 왜냐하면 하나님의 보상이 어떤 것인지 잘 알고 계셨기 때문입니다. 지금은 비록 고단하고 무섭고 끔찍한 고난의 길이지만, 결과적으로는 하나님이 모두 갚아 주실 것이기에, 하나님이 모든 것을 합력하여 선으로 만드실 것이기에, 하나님께서 영광을 안겨 주실 것이기에 예수님은 하나님을 신뢰하므로 기뻐할 수 있었습니다.

우리에게 중요한 것은 '무엇을 인내하는가' 하는 것보다 '어떻게 인내하는가' 하는 문제입니다. 똑같이 인내해도 자세가 중요합니다. 기뻐하면서 인내할 수 있다면 그는 진정한 승리자입니다. "내 형제들아 너희가 여러 가지 시험을 당하거든 온전히 기쁘게 여기라" 야고보서 1:2 고 했습니다.

시험은 참아야 하는 어려운 과정입니다. 시험은 정말로 견디기 어려운 고통을 말합니다. 하지만 진리는 이렇게 외칩니다. "…기쁘게 여기라 이는 너희 믿음의 시련이 인내를 만들어 내는 줄 너희가 앎이(기)" 야고보서 1:2하-3 때문입니다. 시련의 열매는 인내입니다. "인내를 온전히 이루라"^{야고보서 1:4}는 말은 끝까지 인내하라는 뜻입니다. 인내하기만 하면 "너희로 온전하고 구비하여 조금도 부족함이 없게 하려 함이라"고 하셨습니다.

어려운 고난이 다가옵니까? 상황이 점점 더 악화됩니까? 계획대로 일이 진행되지 않습니까? 이것이 우리에게 다가오는 시험, 곧 연단의 과정일 수 있습니다. 하지만 여기에서 우리는 기가 막힌 축복을 얻게 됩니다. 이 인내의 훈련을 바로 견디고 정확히 깨닫고 나면 그 다음에는 부족함 없는 사람이 됩니다. 그 무엇도 인내하는 사람을 당해 낼 재간은 없습니다. 그 사람은 온전한 사람입니다. 인내하기를 배운 사람은 어떤 형편에서든지 하나님이 기뻐하시도록 온전히 반응할 수 있게 됩니다. 이런 귀중한 인내의 열매를 맺게 하는 것이 바로 내 앞에 놓인 여러 가지 어려운 시험과 역경들입니다.

기막힌 기도응답을 언제 받습니까? 역경을 거쳐 나오면서 받게 됩니다. 만사가 잘 풀릴 때는 기도응답이 무엇인지도 잘 깨닫지 못합니다. 하나님께서 광활한 곳에 우리를 세우겠다고 하셨는데, 그 광활한 곳이 어떤 곳인지 우리는 고난의 터널을 통과할 때 경험할 수 있습니다. 인내할 때 경험하게 됩니다. 하나님께서는 우리를 때를 따라 은밀한 장막에 숨기겠다고 약속하셨습니다. 누가 이 은밀한 장막을 알 수 있습니까? 바로 고난의 여정에서 인내를 배운 사람이야말로 이 비밀을 알 수 있습니다. 그 사람이야말로 이 장막에 들어가 평안한 쉼을 맛보게 됩니다.

하나님은 우리에게 아침에 찾아오는 기쁨을 약속하셨습니다. 사망의 음침한 골짜기를 다닐지라도 지팡이와 막대기로 안위하시는 축복을 주신다고 약속하셨습니다. 이와 같은 은혜는 사망의 음침한 골짜기를 통과할 때 비로소 깨닫게 됩니다. 그러니 고난이 무조건 나쁘다고 할 수가 없습니다. 고난 당할 때 선하신 하나님, 우리를 안위하시는 하나님을 생각하면서 인내하면, 오히려 주님이 주시는 엄청난 보화들을 거둬들일 수 있습니다.

예수를 닮아 간다는 것

한 형제가 있었습니다. 그는 한 가정의 장남이었고, 오랫동안 고약한 병을 안고 씨름해 온 사람입니다. 장남이 그러니 부모의 마음은 어떻겠습니까? 제가 그 부모를 만날 때면 늘 묻곤 합니다. "아들은 좀 어떻습니까? 힘드시지요?" 이분은 이렇게 대답합니다. "목사님, 우리가 간절히, 간절히 기도한다고 말하잖아요. 하지만 평안할 때 우리가 간절한 기도를 하게 됩니까? 저는 우리 아들 때문에 정말 간절한 기도의 의미가 무엇인지 가슴 깊이 깨닫고 있습니다. 목사님, 너무 걱정하지 마세요." 저는 그 자리에 한동안 멈춰 서 있을 수밖에 없었습니다.

이런 고난을 통해 참 소중한 것을 얻게 되는데, 그것은 우리의 속사람이 예수 그리스도를 닮아 간다는 것입니다. 하나님께서 우리에게 제일 관심을 기울이시는 부분은 각자가 얼마만큼 예수를 닮았느냐 하는 것입니다. 내가 볼 때가 아니라, 하나님이 나를 보셨을 때 얼마나 예수 그리스도를 닮았는지가 중요합니다.

하나님은 우리 모두가 하나님의 아들과 똑같아지기를 바라십니다. "내가 온전한 것처럼 너희도 온전하라. 내가 거룩하니 너희도 거룩하라. 내가 자비한 것처럼 너희도 자비하라"고 말씀하십니다. 하나님은 우리를 '자녀'라고 부르셨습니다. 자녀는 부모를 닮기 마련입니다. 그렇기에 하나님의 관심은 '우리가 얼마나 당신을 닮아 가고 있느냐' 하는 것에 있습니다.

그렇다면 우리는 생각해 봐야 합니다. 흥청망청 사는데도 잘 되고 세상사는 재미가 좋아 어쩔 줄 모르고 신이 난 사람이 하나님을 어떻게 닮겠습니까? 세상에서는 가만히 있어도 마귀를 닮아 가게 됩니다. 이 세상은 사탄이 왕 노릇하는 곳이라 그렇습니다.

그러나 하나님을 닮아 가는 것은 연단이 없이는 어림도 없습니다. 내가 누리는 세상의 안락함보다, 가난과 고통과 고난을 가지고 씨름하면서 주님을 의지하고 그분 앞에 쉼 없이 엎드릴 때 어제보다 오늘 더욱 그분을 닮아 있는 것입니다. 하나님처럼 겸손합니다. 하나님처럼 의롭습니다. 하나님처럼 자비합니다. 하나님처럼 사랑합니다. 이럴 때 나도 모르게 하나님을 더욱더 닮아 가는 것입니다. 이것이 바로 고난의 불을 통과해 정금같이 나아가는 것입니다.

하나님은 우리가 흥청망청 살면서 마귀를 닮아 가도록 절대 그냥 내버려 두시지 않습니다. 오늘날 한국 교회에 이처럼 어려운 시련을 주시는 이유가 분명히 있습니다. '새벽마다 일어나 기도하는 믿음 좋은 사람들에게 왜 이런 일이 생길까?' 도무지 이해가 안 되는 어려움이 우리 앞에 다가오는 이유가 있습니다.

거기에 담긴 하나님 아버지의 마음은 이렇습니다. "애야, 비록 어려운 상황이지만, 나와 같은 선택을 하지 않겠니? 조금만 참아라. 나를 닮아 가는 네 모습이 참 기쁘고 보기 좋구나!" 하나님이 기뻐하시는 그 기쁨으로 우리도 견딜 수 있습니다.

열두 진주 문

진주가 어떻게 만들어지는지 우리는 잘 알고 있습니다. 굴 속에 유리조각이라든지 모래 같은 이물질이 안으로 들어오면 이물질은 그 안에서 굴의 부드러운 살을 갉아 생채기를 냅니다.

이때 굴은 자기 몸에 있는 모든 에너지를 동원해 호르몬을 만들고 그것으로 이물질을 감쌉니다. 그렇게 해서 이물질이 몸 안에서 어떠한 거부반응을 일으키지 못하도록, 몸과 조화를 잘 이룰 수 있도록 계속해서 감싸 안습니다.

굴은 아픔을 견디는 것에서 만족하는 것이 아닙니다. 그 아픔을 극복하기 위해 무던히 노력하고 있는 것입니다. 계속해서 성실히 씨름하다 보면 그 이물질은 어느새 영롱한 진주가 되어 새롭게 탄생합니다.

어디선가 이런 글을 본 적이 있습니다. "여러 가지 시련이 당신의 삶에 들어올 때, 그것을 침입자로 여기지 말고 친구로 맞이하십시오. 시련은 당신의 인내를 훈련하기 위해서 파견된 것임을 잊지 마십시오. 인내하는 과정을 통해서 당신의 속사람은 점점 성숙한 경지에 이르러 예수 그리스도의 형상을 온전히 이룰 것입니다."

하나님은 우리를 진정으로 사랑하시기 때문에, 많이 움켜쥐고 생각 없이 즐기다가 마귀처럼 되는 것보다, 부족한 듯 적게 가져서 겪게 되는 고난을 인내로 극복하기 원하십니다. 우리가 예수 그리스도처럼 되는 것이 참 복이기에 하늘 아버지는 우리에게 고난을 주십니다. 하나님은 나를 단련시켜 정금같이 나오게 하십니다.

이때 우리는 "하나님, 저에게 이런 고난을 주셔서 참으로 감사합니다. 어제보다 오늘 저는 예수님을 좀 더 닮게 되었어요" 라고 고백할 수 있어야 합니다. 이것이 하나님 자녀다운 건강한 모습입니다.

천국에는 "열두 진주 문" 요한계시록 21:21 참고이 있습니다. 우리가 천국에 들어갈 때 그 아름다운 진주 문으로 들어가게 됩니다. 진주는 인내의 상징입니다. 세상을 살면서 오직 인내한 자, 곧 주님을 닮기 위해 인내하고, 하나님의 뜻을 행하기 위해 인내하고, 의를 행하기 위해 인내하고, 믿음을 지키기 위해 인내하고, 세상이 주는 고통을 감수하면서 인내하고, 기뻐하며 인내한 사람만이 그 열두 진주 문을 통과해서 천국으로 입성하게 됩니다.

그러므로 우리는 내 안에서 진주가 만들어질 때까지, 내 삶이 예수 그리스도를 온전히 닮기까지 현재의 고난을 참고 인내해야 합니다. 하나님이 우리에게 이것을 원하십니다. 달리면서 인내합시다. 기뻐하면서 인내합시다. 예수님의 인내를 배웁시다. 그렇게 하면 오래지 않아 고난의 어두움을 헤치고 나온 영광의 별을 보게 될 것입니다. 하나님은 반드시 인내한 자에게 축복을 주십니다.

❀ ❀ ❀

하나님을 향한 절대적인 믿음은 인내를 통해서만 증명됩니다.

Part 1
삶에 지친 당신에게●●●

눈물 흘리는 자를 주목하시는 예수님

울고 있는 과부를 보신 예수님께서 지금 우리의 눈물도 눈여겨보고 계십니다. 주님은 우리의 눈물을 귀히 여기십니다. 우는 자를 주목하십니다. 우리가 올리는 눈물의 기도는 하나님의 마음과 그 보좌를 움직입니다. 하나님은 절대로 우리의 눈물이 눈물로 끝나게 하지 않으십니다.

사람이 두려울 때 기억해야 할 시편 7편

시편 7편은 다윗이 구시에게 괴롭힘을 당할 때 하나님께 부르짖은 시입니다. 이 시는 건강한 인간관계를 유지하는 비결을 우리에게 알려줍니다.

비결 1_ 말 한마디를 하더라도 남을 해치는 말은 하지 말라.
비결 2_ 사랑으로 허물을 덮어 주면 적이 생기지 않는다.
비결 3_ 나의 방패가 되시는 하나님을 항상 의뢰하라.

근심에 눌린 자에게 주시는 예수님의 처방전

처방전 1_ **"나를 하나님으로 믿으라"**
당신을 사랑하시는 예수님은 '항상 살아 있고, 늘 깨어 온 우주를 주관하며, 모든 약한 자와 고통당하는 자를 돕는 하나님'이십니다.

처방전 2_ **"천국 소망을 품으라"**
예수님이 다시 오시면 우리는 주님의 손을 잡고 영원한 나라, 근심이 따라올 수 없는 평안의 나라로 들어갈 것입니다. 믿는 자의 결국은 해피엔딩입니다.

히스기야식 위기 대처법

위기 대처법 1_ **자기가 해야 할 일에 최선을 다한다.**
잠잠히 기도해야 할 때가 있으면, 기도하는 마음으로 모든 일을 행하며 나아가야 할 때가 있습니다.

위기 대처법 2_ **하나님의 약속을 굳게 믿는다.**
"믿음은, 아무리 기분이 바뀌어도 한번 받아들인 것은 끝까지 고수하는 기술art이다."_C. S. 루이스

위기 대처법 3_ **하나님께 부르짖는다.**
기도는 환란에서 쓰러지지 않게 하는 강한 버팀목입니다.

예수님의 히포모네*인내

히포모네 1_ **달리면서 인내하다**
인내의 참된 비결은 참는 동안 다른 할 일을 찾는 데 있습니다. 주저앉아 고통이 끝나기만을 기다리지 않습니다. 모든 것을 떨쳐 버리고 하나님만 바라보며 열심히 뛰어가는 것입니다.

히포모네 2_ **기뻐하며 인내하다**
십자가형을 불과 몇 시간 앞둔 예수님의 마음에 기쁨이 넘쳤습니다. 지금은 고난의 십자가이지만, 결국엔 영광의 십자가가 될 것을 아셨기 때문입니다. 예수님은 이 기쁨이 제자들의 마음에도 충만하기를 바라셨습니다.

Part 2
마음이 상한 당신에게

"목사님, 우리 큰아이가 아직 저렇게 누워 있지만 우리 가족 모두 이렇게 밝고 평안할 수 있는 것은, 어찌할 바를 모르던 그 절망의 길에 하나님이 우리 가족만 덩그렇게 내버려 두지 않으셨기 때문이에요. 이제는 우리 가족 모두 고백할 수 있어요. 하나님이 정말 우리의 아버지시라고요. 그 끔찍한 사고 이후로 우리 가족을 돌보시는 진짜 아버지가 되어 주셨다고요."
집사님 부부의 간증을 들으며 제 눈시울이 따뜻하게 젖어들었습니다.

프롤로그

인생을 살아가면서 마음에 병이 나면 우리는 어떻게 하나요? 가벼운 우울증 정도라면 재미난 영화를 본다거나, 가까운 산에 오른다든가, 교외로 드라이브를 나가는 등 기분전환 거리를 찾습니다. 좀 심각하다 싶으면 상담을 받거나 신경안정제를 복용하기도 합니다. 하지만 이런 행동들이 상한 마음에 근본적인 치료는 되지 못하는 것을 우리 모두 잘 알고 있습니다.

믿음이 좋은 집사님 부부가 있습니다. 그 집 둘째가 태어나기 전이니까 15년 전의 일입니다. 큰아들이 갑작스럽게 불의의 사고를 당했습니다. 의식은 있지만 몸을 가누지 못하고, 지능도 성장도 거의 멈춘 채 지금까지 생명만 유지하고 있다고 합니다. 젊은 부부에게 이 얼마나 청천벽력 같은 일입니까? 그때까지만 해도 신앙생활이 견고하지 못했던 그 부부는 하나님을 붙잡고 매달리기 시작했습니다. 십수 년이 넘도록 매일 기도하며 하나님 앞에 나아갔습니다.

최근에 집사님 부부가 저에게 이런 고백을 하더군요. "목사님, 우리 큰아이가 아직 저렇게 누워 있지만 우리 가족 모두 이렇게 밝고 평안할 수 있는 것은, 어찌할 바를 몰라 절망하고 있을 때 하나님이 우리 가족만 덩그렇게 내버려 두지 않으셨기 때문이에요. 이제는 우리 가족 모두 고백할 수 있어요. 하나님이 정말 우리의 아버지시라고요. 그 끔찍한 사고 이후로 우리 가족을 돌보시는 진짜 아버지가 되어 주셨다고요." 집사님 부부의 간증을 들으며 제 눈시울이 따뜻하게 젖어들었습니다.

거친 광야생활로 마음이 상한 이스라엘 백성들에게 모세는 하나님의 아버지 되심을 기억하라고 간곡히 당부합니다.

"하나님이 우리 아버지 되신다! 크고 강하신 여호와께서 우리를 품에 안고 광야 길을 걸어가고 계신다!"

그렇습니다. 우리를 사랑하시는 하늘 아버지께서 차갑고 외로운 인생길에 선 우리를 그 넓고 따뜻한 품으로 안아 주십니다. 하나님께서 친히 우리의 아버지가 되어 주셨다는 사실을 가슴 깊이 느껴 봅시다. 그리고 그 넓은 품에 안겨 걸어가고 있는 우리의 모습을 그려 봅시다. 지금 이 시간 하나님의 품에 안겨 우리의 모든 상한 마음이 치유되기를 기도합니다.

01 » 지친 영혼의 비타민

'동병상련'이라는 말을 잘 아시지요? 같은 병상에서 함께 병을 겪고 있는 사람들끼리는 서로 공감하는 것이 있고, 서로 이해하고 통하는 무언가가 있습니다. 그래서 같은 처지에 놓인 사람을 만나면 마음이 좀 편안해집니다. 내가 피곤할 때 의기양양한 사람을 만나고 나면 더 피곤해집니다. 내가 낙심될 때 모든 일이 형통한 사람을 만나면 그냥 가슴이 내려앉습니다. 하나님께서 우리에게 '예수를 생각하라'고 하시는 이유가 여기 있습니다. "내 아들 예수는 너와 똑같은 세상을 살았단다. 똑같이 고생했고 피곤했단다. 낙심될 때가 참으로 많았고, 그를 이해해 주는 친구 하나 없었지. 한번 잘 생각해 보렴. 너와 같은 세상을 이미 산 예수를 생각하면 마음에 큰 위로와 힘이 생기게 될 거야."

너희가 피곤하여 낙심하지 않기 위하여
죄인들이 이같이 자기에게 거역한 일을 참으신 이를 생각하라

_ 히브리서 12:3

영혼이 지칠 때

몇 해 전 『아버지』라고 하는 소설이 사람들에게 감동을 주면서, 서점마다 아버지 코너가 따로 마련될 정도로 많은 인기를 얻었습니다. 그 내용은 참 소박합니다.

서기관으로 공무원 생활을 화려하게 시작한 어느 남자가 결혼을 하고, 자녀를 낳고, 가정을 이끌어 가면서 생기는 이야기들을 담고 있습니다. 열심히 살아 보려고 하는데 뜻대로 진급이 되지 않고, 일에서 좌절을 맛보고, 치열한 경쟁사회 구조 속에서 조금씩 뒤처지면서 남자 주인공이 겪게 되는 내적 갈등을 보여 주고 있습니다. 그러다가 결국에는 중병이 들어 인생을 마친다는, 어떻게 보면 간단한 구성입니다.

왜 사람들은 이런 평범한 이야기를 읽으면서 눈물을 흘릴까요? 또 어떤 사람들은 통곡까지 했다고 할까요? 왜 부인들은 이 소설을 읽고 남편을 보는 눈이 달라졌다고 말할까요? 왜 자녀들은 아빠를 이해하게 되었다고 고백할까요?

주인공인 아버지는 참 피곤한 인생을 살아가는 사람입니다. 그는 가족을 부양하려고, 또 자기가 가진 꿈을 조금이나마 이루어 보려고 세상을 살아갑니다. 그런데 그렇게 열심히 살아도 일이 뜻대로 풀리지 않습니다. 피곤이 쌓이고, 그것에 짓눌려 허덕이다가 결국 두 손 두 발 다 들고 인생을 초라하게 마치게 되는 한 남자, 피곤한 남편, 피곤한 아빠를 생각해 보십시오.

어디 남편만 피곤하겠습니까? 부인도 피곤하고 자녀도 피곤합니다. 우리 모두 피곤한 인생을 살고 있습니다. 어느 시대보다도 이 '피곤'이라는 단어는 지금 우리에게 거인처럼 다가옵니다. 우리의 하루 일과는 마치 전쟁과도 같습니다. 몇 시냐를 따지지 않고 몇 분 아니 몇 초냐를 따질 정도로 시간에 쫓기며 살아갑니다. 많은 약속들이 있고, 스케줄이 줄을 잇고, 업무량은 갈수록 많아집니다.

스트레스라는 융단폭격을 하루종일 당하다 보면 무기력증이 생기고, 결국에는 의욕이 상실됩니다. '이러다가 실패하는 것 아닌가?' 하는 불안감은 우리의 마음에 떠나지 않는 고통으로 자리합니다. 이 모든 것이 피곤이 쌓이고 쌓여서 일어나게 되는 현상입니다. 사람들은 피곤이 쌓이면 예민해집니다. 아무것도 아닌 일에 예민해지고, 긴장한 탓에 서로 상처를 쉽게 주고받습니다.

누군가가 우리에게 이런 피곤에 대해서 "육체적인 피곤이냐?"고 물어 온다면 꼭 "그렇다"고 대답하기가 어렵습니다. 만약 육체적 피곤뿐이라면 푹 쉬고 나면 해결될 것입니다. 그러나 현대인들의 피곤은 잠을 자도, 쉴 만큼 쉬어도 잘 해결되지 않는 것 같습니다. 그것은 아마도 우리의 피곤이 정신적인 부분과 연관이 있기 때문인 듯합니다. 좀 더 명확히 말하자면

'영적 피곤'이라는 것이지요.

하드 필드라는 심리학자가 이 부분을 분명하게 지적했습니다. "우리를 괴롭히는 피로의 대부분은 정신적인 데서 비롯한다. 순수하게 육체적인 원인에서 오는 피로는 오늘날 극히 드물다"라고 말입니다. 이 말에 동의하든, 동의하지 않든 간에 오늘날 현대인이 느끼는 피곤의 특징은 대부분 영적인 것이고, 정신적인 것이라는 사실입니다. 우리는 이 사실을 부인하기 어렵습니다.

과거와 달리 오늘날 대부분의 사람들은 하루종일 논밭을 매는 중노동을 하지 않습니다. 선조들처럼 하루종일 지게를 지고 땔감을 구하느라 높은 산을 오르내리는 심한 노동을 하는 사람들을 이제는 거의 찾아보기 어렵습니다. 이제는 물동이를 이고 물을 길러 다니는 고생스러운 일을 매일같이 하는 사람들도 보이질 않습니다. 대부분의 사람들은 중노동에서 이미 해방되었습니다.

그럼에도 불구하고 왜 이렇게 피곤해 할까요? 오늘날 우리의 피곤은 정신적인 뿌리에서, 영적인 뿌리에서 찾을 수 있습니다. 그렇다고 해서 '피곤은 전적으로 나쁘다, 피곤은 비정상적인 것이다'라고 말할 수는 없습니다. 피곤은 나쁜 것도, 좋은 것도 아닙니다. 인간은 한정된 힘을 가진 육신 안에 담겨져 있습니다. 유한한 육체가 감당하기 어려운 분량의 일들을 하다 보면 과부하가 걸리고 맙니다. 이것은 하나님께서 우리 몸에 남겨 놓으신 자연적인 원리입니다. 그러니까 피곤하다고 해서 그 피곤이 나쁜 것이나 이상한 것이 아닙니다. 세상을 살아가는 일은 참 피곤한 일입니다. 피곤은 인생의 운명이자, 숙명인 것 같습니다.

하나님의 처방전

지금으로부터 3천 년 전, 여유롭고 풍족하게 살던 제왕 솔로몬도 "모든 만물이 피곤하다는 것을 사람이 말로 다 말할 수는 없나니" 전도서 1:8 라고 고백했습니다. 만물이 얼마나 피곤한가를 말하면서 그는 한술 더 떠 온 우주 만물이 다 피곤하다고 했습니다. 하늘의 달과 별도 피곤하고, 물과 나무도 피곤하고, 동물도 피곤하고, 물고기도 피곤하고, 피곤하지 않은 것이 하나도 없다고 말합니다.

 그 가운데서도 인간은 유달리 피곤함을 표현할 수 있는 능력을 가진 존재입니다. 그래서 사람의 피곤은 어느 피조물의 피곤보다 더 노골적이고 확실하게 드러납니다. 3천 년 전에 살던 사람도 '만물의 피곤함을 말로 다 할 수가 없다'고 합니다. 그 옛날에도 그렇게 피곤한 인생을 살았다니, 정신없이 복잡하고 너무 빨라서 도무지 숨쉴 틈도 없는 현대 문명을 살아가는 우리가 왜 피곤하지 않겠습니까? 우리의 피곤은 두말할 나위가 없습니다.

피곤한 것이 당연하다고 해서 이 피곤을 그대로 쌓아 놓고 해결하지 않는다면 무기력증에 걸리게 되고, 마음에 낙심이 찾아옵니다. 마치 험난한 파도와 싸우던 선원이 쉴 새 없이 계속되는 파도에 지쳐 배를 포기하고 바다로 뛰어드는 것처럼 우리가 우리 삶에 대해 그렇게 행할 수 있습니다. 오만 가지가 다 하기 싫어집니다. 백기를 들고 항복하고 싶습니다. 도망가고 싶습니다. 급기야 자살을 선택해 버리는 경우도 있습니다.

하나님께서는 "너희가 피곤하여 낙심하지 않기 위하여 죄인들이 이같이 자기에게 거역한 일을 참으신 이를 생각하라" 히브리서 12:3고 하십니다. 이 말씀은 우리가 피곤할 수 있지만, 피곤 때문에 낙심하지 않기 위해서는 예수를 생각해야 한다는 뜻입니다. 어찌 보면 하나님께서 동문서답을 하시는 것 같아 보입니다. 피곤하면 환경을 개선하라고 한다든지, 좀 더 편하게 살 수 있는 방법을 알려 준다든지 구체적인 처방전을 알려 줘야 할 것 같은데, "예수를 생각하라"는 것입니다.

환자의 증상을 파악하고 처방전을 써 주는 의사처럼 명확하고 구체적인 방법으로 해결책을 던져 주면 좋을 텐데, '예수를 생각하라'는 말씀은 어딘지 모르게 생뚱맞아 보입니다. 그러나 하나님은 어리석은 이야기를 하시는 분이 아닙니다. 하나님은 터무니없는 말씀으로 우리를 속이시는 분이 아닙니다.

우리는 어떤 어려운 상황이나 어떤 특별한 순간이 되면 누군가를 떠올리는 버릇을 조금씩은 가지고 있습니다. 내가 아주 슬플 때 자연스럽게 생각나는 사람이 있습니다. 만사가 귀찮을 때 생각나는 사람이 있을 수 있습니다. 그 사람을 생각하면 무언가 위로를 받고, 어떤 격려를 받을 수 있기 때문에 특별한 순간이 되면 나도 모르게 그 사람을 생각하게 되는 것입니다.

저도 가끔은 게으름 좀 피우고 아무것도 하지 말자는 유혹을 받을 때가 있습니다. '아휴, 왜 이리 목사 생활이 힘드나! 좀 수월하게 하자. 좀 풀어놓고 편하게 목회하고, 설교 준비도 좀 여유를 가지고 즐기면서 하자. 무얼 그리 아웅다웅하고 있나?' 하는 생각이 들기도 합니다. 그때마다 떠오르는 분이 있습니다. 나도 모르는 사이에 그 모습이 내 눈앞에 나타납니다. 바로 우리 아버지입니다.

아버지는 무식한 농군이었습니다. 평생에 아들을 앉혀 놓고 이렇게 하라, 저렇게 하라고 한 번도 교훈하신 일이 없으셨습니다. 그러나 당신 삶을 통해 저에게 보여 주신 것이 참 많습니다. 아버지는 새벽별을 보며 지게를 지고 나가셨고, 밤이 어두워야 돌아오셨습니다. 어떤 날에는 밤새도록 복통을 괴롭게 앓았으면서도 날이 밝기가 무섭게 일어나 괭이를 들고 들로 나가십니다. 하루종일 일하시고, 일하시다 복통이 나면 논두렁에 엎드려서 혼자 신음하다가, 또 힘이 좀 나는가 싶으면 일하시고, 그렇게 몇 안 되는 가족을 먹여 살리며 평생을 소박하게 사셨습니다.

그런 아버지의 뒷모습을 보며 저는 배운 것이 참 많습니다. '부지런해야 한다. 사람은 자기 일에 부지런해야 하고 최선을 다해야 된다.' 이 생각 하나가 제 마음속에 강하게 남아 있습니다. 그래서인지 게으름이 나려 하고, 일을 좀 쉽게 하려는 유혹이 올 때마다 아버지 생각이 납니다. 저의 경우를 보아서도 어려울 때, 인생이 고될 때, 어떤 특별한 상황에서 '누구를 생각하라'는 말은 동문서답이 아닙니다.

미국의 유명한 잡지인 「월스트리트저널」에 한 동안 거의 매일 광고를 실은 유나이티드 테크놀러지 United Technology라는 회사가 있습니다. 그 회사는 똑같은 내용의 광고를 반복해서 연재했는데, 그 광고 문구는 이런 것입니다.

"만약에 당신이 피곤하거나 낙심이 되면, 이런 사람을 한번 생각해 보시지 않겠습니까? 초등학교를 중퇴했습니다. 시골에서 구멍가게를 열었지만 그나마 파산하고 말았습니다. 다른 사람에게 빌린 돈을 갚는 데 15년이 걸렸습니다. 장가를 갔지만 악처를 만나 가정생활이 행복하지 못했습니다. 상원의원에 입후보하였지만 두 번이나 낙선했고, 하원의원 선거에도 두 번이나 쓴 잔을 마셨습니다. 역사에 남을 만한 유명한 연설은 몇 편 했지만, 당시 청중들은 그의 연설에 별 관심을 보이지 않았습니다. 신문에서는 연일 비난이 쏟아졌고, 나라의 절반은 그를 벌레 보듯 싫어했습니다.

그러나 생각해 보십시오. 이런 형편이었는데도 불구하고 그는 지금 전 세계 어느 곳에서나 사람들의 입에 오르내리고 있으며, 수많은 사람들이 이 사람 때문에 자극을 받아 용기를 내고 힘을 얻어 살아가고 있습니다. 이 사람이 죽은 지 100년이 훨씬 지났는데도 그의 존재는 더욱 새롭게 빛나고 있습니다. 이 사람은 바로 에이브라함 링컨입니다. 당신이 낙심될 때, 이 사람을 한번 생각해 보시지 않겠습니까?"

그도 피곤하셨다

하나님께서 "피곤할 때 예수를 생각하라"고 말씀하신 이유는 세 가지입니다.

첫째로, 예수님은 경험자셨습니다. 우리가 당하고 있는 이 피곤을 똑같이 체험하신 경험자입니다. 내가 낙담될 때가 언제인지를 주님은 아주 잘 알고 계십니다. 세상에 오셔서 그는 가난과도 씨름하셨고, 목수의 아들로 중노동을 하면서 하루종일 여가 없는 생활도 하셨습니다. 특별히 예수님을 피곤하게 만든 것은 사람들이었습니다. "죄인들이 이같이 자기에게 거역한

일" 히브리서 12:3 때문입니다.

예수님 주변에는 정말 많은 사람들이 모였습니다. 물론 선한 사람도 있었지만, 대부분은 죄인들이었습니다. 그들은 예수님을 하나님의 아들로 인정하지 않았습니다. 그들은 예수님이 하나님의 아들이신 줄 몰랐기 때문에 그분을 비판했습니다. 대적했습니다. 급기야 증오하여 죽이기까지 했습니다. 이런 사람들에게 둘러싸여 예수님은 하루종일 시달렸습니다.

특별히 몇 사람을 선택해서 제자로 삼았습니다. 하지만 그 가운데 한 사람은 마귀였습니다. 또 나머지 열한 명도 그다지 예수님의 마음을 잘 이해하지는 못했습니다. 그런 제자들을 데리고 다니면서 예수님의 심신이 얼마나 피곤했을지 충분히 짐작할 수 있습니다.

나사로가 죽었을 때도, 예수님은 그를 찾아가 통분히 여기시고, 민망히 여기시고, 나중에는 참지 못해 눈물까지 흘리셨습니다. 속이 타고, 아파서 눈물을 쏟을 정도로 예수님은 우리가 당하는 피곤, 우리가 당하는 낙심, 우리가 당하는 고통을 다 당하셨습니다. 삶의 모든 고통 가운데 하나님의 아들이라고 예외는 없었습니다. 그러므로 예수님은 우리를 너무 잘 아시고, 속속들이 이해하십니다.

'동병상련'이라는 말을 잘 아시지요? 같은 병상에서 함께 고통을 겪고 있는 사람들끼리는 서로 공감하는 것이 있고, 서로 이해하고 통하는 무언가가 있습니다. 그래서 같은 처지에 놓인 사람을 만나면 마음이 좀 편안해집니다. 만약 내가 피곤할 때 의기양양한 사람을 만나고 나면 더 피곤해집니다. 내가 낙심될 때 모든 일이 형통한 사람을 만나면 그냥 가슴이 내려앉습니다. 더 답답해집니다.

하나님께서 우리에게 "예수를 생각하라"고 하시는 이유가 여기에 있습니다. "내 아들 예수는 너와 똑같은 세상을 살았단다. 똑같이 고생했고 피곤했단다. 낙심될 때가 참으로 많았고, 그를 이해해 주는 친구 하나 없었지. 한번 잘 생각해 보렴. 너와 같은 세상을 이미 산 예수를 생각하면 마음에 큰 위로와 힘이 생기게 될 거야." 지금 우리에게 이렇게 말씀하고 계십니다.

여기서 쓰인 '생각하라'는 히브리어 단어에는 두 가지 의미가 들어 있습니다. 하나는 '비교하라'는 의미입니다. 또 하나는 '묵상하라'는 의미입니다. 예수님을 나와 비교할 때, '아, 예수님도 내가 당하고 있는 이 고통을 다 당하셨구나. 내가 짊어지고 있는 인생의 피곤함을 예수님도 짊어지셨구나. 아니 나보다 더한 것을 지셨구나' 하는 생각을 하게 됩니다. 예수님도 내 아픈 마음을, 내가 처한 상황을 잘 이해하실 거라는 확신이 옵니다. 그것이 든든한 힘이 됩니다.

또 그 예수님을 마음에 모시고 깊이 묵상하면 내 마음에 어느새 위안이 찾아옵니다. 예수님의 삶이 깊은 위로가 되어 다가옵니다. 그래서 "예수를 생각하라"는 것입니다. 예수님은 우리를 돕는 분이시기 때문에 힘들 때 그분을 생각할 이유가 충분합니다.

예수님은 하나님이십니다. 그는 다 가지신 분이요, 무엇이나 다 하실 수 있는 분이요, 긍휼이 많으신 분이시라 우리를 항상 도와주기 원하십니다. 구약성경은 "(하나님은) 명철이 한이 없으시며 피곤한 자에게는 능력을 주시며 무능한 자에게는 힘을 더하시(는)" 이사야 40:28하-29 분이라고 말합니다.

신약성경은 우리에게 "때를 따라 돕는 은혜를 얻기 위하여 은혜의 보좌 앞에 담대히 나아(가라)" 히브리서 4:16 고 촉구합니다. 하나님은 우리가 피곤할 때는 피곤할 때의 은혜를 준비해 놓으십니다. 고통을 당할 때는 그 고통의 때를 견딜 수 있는 은혜를 준비하십니다. 때를 따라 돕는 은혜를 준비하시고 우리를 도우십니다.

"수고하고 무거운 짐 진 자들아 다 내게로 오라" 마태복음 11:28상 고 하십니다. 수고하고 무거운 짐 진 자들에게 하나님은 "내가 너희를 쉬게 하리라" 마태복음 11:28하 고 말씀하십니다. 예수님은 피곤한 자에게 쉼을 주시는 하나님이십니다. 그는 무엇이든지 나를 위해서 해주실 수 있는 분이십니다. 그렇기 때문에 하나님께서 "피곤하면 예수를 생각하라. 낙심될 때마다 예수를 생각하라"고 말씀하시기에 충분합니다.

1. 지친 영혼의 비타민

낙심할 이유가 없다

우리가 지칠 때 예수님을 생각해야 할 이유가 또 있습니다. 그분에게는 낙심할 이유가 하나도 없기 때문에 우리는 그분을 생각할 가치가 있습니다. 십자가 형벌은 부끄러움까지 따라오는 것이었습니다. 사실 십자가는 수치요, 부끄러움이요, 망신거리요, 구경거리입니다. 하지만 이 끔찍하고 모욕적인 죽음도 예수님이 사양하지 않으신 이유는 십자가 다음에 있을 부활의 영광 때문이었습니다. 그분은 죄와 사망의 고통을 이기시고 모든 인류를 죄에서 구원하실 영광을 생각하셨습니다.

　영광스러운 하나님의 아들로 부활하면 십자가의 그 수치도, 십자가의 그 고통도 다 물러갈 것이기에, 그 이상의 것이 있다는 것을 아셨기에 견디어 내셨습니다. 그러므로 예수님은 십자가 앞에서 낙심하지 않았습니다. 십자가 앞에서 절망하지 않았습니다. 십자가 앞에서 한숨 쉬지 않았습니다. 바로 이런 예수님을 생각하라는 말씀입니다.

　부활하신 주님, 하늘과 땅의 권세를 다 가지신 주님, 장차 이 세상을 심판하시고 모든 인류의 불행을 행복으로 바꾸어 놓으실 주님, 모든 인생의 한숨과 원한을 풀어 주실 주님, 그 주님을 생각하면 낙심할 이유가 하나도 없습니다. 지금 가난합니까? 오늘의 가난 때문에 낙심할 이유가 없습니다. 주님께는 그

가난을 몇 천 배, 몇 만 배 보상하고도 남는 부가 있습니다. 이 세상의 경쟁 대열에서 뒤로 처지는 것만 같고 일이 뜻대로 잘 안 풀립니까? 물론 사람이니까 그런 것들 때문에 마음이 상할 수도 있습니다.

하지만 그리스도인은 그런 일로 낙망할 필요가 없습니다. 주님이 준비하신 영광의 나라로 들어가면, 내가 세상에서 얼마나 성공했느냐, 아니냐 하는 것은 아무런 가치가 없는 일이기 때문입니다. 꿈에서 본 듯 세상의 모든 일을 잊어버릴 만큼, 영원토록 주님과 함께 누릴 영광은 그 무엇과도 비교할 수 없는 것이기 때문입니다. 그렇기 때문에 예수님만 생각하면, 내가 남에 비해 뒤처진 것 같아도, 남에 비해 좀 못 따라가는 부분이 있어도 그것 때문에 절망할 이유가 하나도 없습니다. 오히려 예수님을 생각하면 신이 납니다.

지금 남편이 미워집니까? 아내가 마음에 들지 않나요? 자식이 속을 썩입니까? 세상을 살다 보면 이런저런 일이 많이 생깁니다. 내 소원대로 다 되면 무슨 걱정이 있겠습니까? 그러나 세상은 내 마음대로 돌아가지 않습니다. 그렇기 때문에 피곤하고, 안 되니까 낙심하게 됩니다. 그러나 그런 형편 가운데서도 예수님을 생각하면, 그 낙심될 만한 여건 때문에 오히려 찬송하게 됩니다.

"현재의 고난은 장차 우리에게 나타날 영광과 비교할 수 없도다."^{로마서 8:18} 현재의 가난이 장차 주님이 우리에게 주실 영광과 비교가 안 된다는 말씀입니다. 오늘 겪고 있는 고난은 장차 우리에게 주어질 영광과 비교할 때 '새 발의 피'라는 말입니다. 내가 지금 사람 때문에 시달리고 있습니까? 혹은 마음대로 되지 않는 가족 때문에 고통스러워하고 있습니까? 그러나 장차 예수님이 내게 주시려고 준비하신 그 영광에 비하면 이것은 정말 아무것도 아닙니다. 도무지 비교할 수가 없다는 이야기입니다.

예수님을 생각할 때마다 예수님만이 주실 수 있는 굉장한 은혜가 따라옵니다. 히브리서의 초기 독자들은 로마제국의 황제에게 핍박당하는 상황이었습니다. 따돌림 당하고, 미움 받고, 쫓겨 다니고, 불이익 당하고, 잘못하다가 붙잡히면 죽게 되는 상황이었습니다. 예수를 믿기 위해서, 그들은 믿음을 지키기 위해서 자신의 전부를 희생하고 생명까지 걸었습니다. 이런 사람들에게 주님이 주시는 위로라면, 핍박한 사람들을 한순간에 모두 멸하시고 즉시 핍박에서 건져 주시는 것이라고 우리는 흔히 생각합니다.

그러나 하나님께서는 그렇게 하시지 않고 "예수를 생각하라"고 하십니다. 세상에서 아무리 핍박을 당해도 "얘야, 지금 당하는 핍박이 참 괴롭지? 그러나 내가 준비한 영광을 맛보는 그날부터 너는 지금 당하는 이 핍박에 대해 두 번 다시 생각하지 않게 될 거야"라고 위로하십니다. 그렇습니다. 상대가 되지 않습니다. 핍박의 크기와는 비교도 안 되는 엄청난 은혜가 쏟아지기 때문에 성도들이 예수님을 생각할 때마다 환란 중에서도 기뻐할 수 있는 특별한 은혜를 체험하게 됩니다.

예수를 생각하라

예수님을 생각할 수 있는 좋은 방법이 두 가지 있습니다.

하루 일과로 씨름하다 보면 때로 '아, 피곤하다, 정말 힘들다, 다 내려놓고 싶다'는 마음이 생기기도 합니다. 그럴 때마다 5초도 좋고, 10초도 좋고, 1분도 좋습니다. 잠깐 동안이라도 예수님을 한번 생각해 봅시다. 운전하고 가다가도 문득 피곤하다는 생각이 들면, 풀리지 않는 문제로 마음이 답답해지면 그때 잠깐이라도 예수님을 생각해 봅시다. '아, 예수님은 내가 겪는 이 모든 고통을 다 경험하셨어.'

예수님은 얼마든지 우리를 도우실 수 있는 분이십니다. 예수 안에는 절대로 낙망할 이유가 없습니다. 그것을 신뢰하면서 예수님을 생각해 봅시다. 이것이 쉬운 것 같아도 실제로는 어렵습니다.

세상 사람들은 화가 나면 분노하다가, 제풀에 지치거나 피곤하면 '휴우' 하고 한숨을 쉬어 버립니다. 예수님을 모르는 사람들에게는 그것이 최선일지 모릅니다. 어쩌면 답답한 일을 다른 일로 잠시 잊어버리려 할 수도 있습니다. 그런데 예수님을 믿는 우리는 예수님 생각을 해 보는 것입니다. 어려운 상황 가운데 그렇게 예수님을 생각하다 보면 나도 모르게 기도가 나옵니다. 그리고 나도 모르게 몇 마디 나오는 그 기도 때문에 다음에 따라오는 상황이 아주 달라질 수가 있습니다.

또 하나는 일주일 중에 어느 날이라도 좋습니다. 한 시간 정도, 좀 더 가능하면 두 시간 정도를 따로 구별해 놓읍시다. 밤이든 새벽이든 낮이든 가능한 시간을 구별하여 떼어 놓읍시다. 한 주에 한 번, 한두 시간 정도는 꼭 구별하여 혼자만 머물 수 있는 환경을 마련해 봅시다. 그 자리를 찾아갈 때는 홀로 가야 합니다. 핸드폰은 잠시 꺼 두기 바랍니다. 부인이나 남편이 따라가서도 안 됩니다. 모두 다 끊어 버리고 홀로 하나님께 나아가는 시간을 가져 봅시다. 혼자 생각도 하고, 정리도 하는 그런 시간을 갖기 바랍니다.

파스칼이 이런 말을 했습니다. "사람들은 조용히 있는 시간을 마련하지 못해서 세상의 모든 좋은 것들을 다 놓치고 있다." 나 홀로 있는 시간을 만들고 그 시간에 조용히 앉아서 예수님을 생각해 봅니다. 실루아니라는 수도사처럼 시계도 풀어 놓고, 오직 예수님과 나만이 마주 앉는 시간을 한번 만들어 보자는 것입니다.

그 시간에는 '내가 기도한다'고 하는 어떤 능동적인 자세를 취할 필요가 없습니다. 이러이러한 문제를 가지고 하나님을 한 번 설득해 보자는 식의 자세로 그분께 나아갈 필요가 없습니다. 그렇게 하면 피곤해집니다. '이런 기도를 해서 꼭 응답받아야지' 하고는 "하나님, 응답하셔야 합니다! 들으세요!" 하면서 막 흔들어 대고 소리치며 부르짖을 필요가 없습니다. 그것 또한 너무 피곤합니다. 지쳐 있는 자에게는 그런 기도가 참 피곤합니다. 당장 하늘 문이 열려 내가 원하는 것을 다 채워 주면 정말 좋을 것 같은데, 하나님은 그렇게 해주시지 않습니다.

내가 피곤하기 때문에 무거운 마음으로 나와 주님과 단둘이 앉았습니다. 이때는 주님을 깊이 생각하려고 선 것이기 때문에 수동적인 자세로 주님 앞에 설 필요가 있습니다. 침묵 중에, 아니면 차분히 기도하는 중에, 아니면 하나님의 말씀을 조용히 읽는 중에, 하나님의 뜻과 지시를 기다리는 중에 "주여 말씀하옵소서. 제가 듣겠나이다. 주님, 사는 것이 참 피곤해요. 좀 도와주세요"라고 고백하며 그냥 마음을 열고 가만히 기다립니다. 하나님께 모든 주도권을 맡기고 잠잠히 있습니다. 모든 소란스러운 잡음의 스위치를 내리고, 오직 하나님의 음성에만 주파수를 고정하고 조용히 기다립니다.

육신의 피곤은 푹 쉬면 해결이 됩니다. 하지만 그리스도인은 육신의 피곤보다는 영적인 피곤을 푸는 것이 더 중요합니다. 영적인 피곤은 성경적으로 풀어야 합니다. 성경적으로 영적인 피곤을 푸는 방법은 "예수를 생각할 수 있는 조용한 시간을 만들라"는 것입니다. 어렵지 않습니다. 이것을 실천하지 못한다면, 우리는 가장 중요한 것을 놓치게 됩니다. 주님과 마주 앉아서 조용한 시간을 한번 가져 보십시오. 이 맛을 알게 되면 피곤에 지쳐 시간을 만들지 않을 수 없는 상황이 되기 전에 스스로 이 시간을 만들게 될 것입니다.

눈을 감고 멍하게 있으면서 공상하다가 시간을 다 보내는 것이 아닙니다. 예수님을 생각하라고 했습니다. 우리 안에 각자 예수님을 생각하는 방법이 있어야 합니다. 성경을 펴 놓고 읽을 수도 있습니다. 그러나 성경을 편다고 다 하나님의 말씀이 눈에 들어옵니까? 어디를 읽어야 할지 모를 때가 많습니다. 그럴 때에는 주일 설교로 들은 말씀 중에 한 부분을 선택해 조용히 읽으면서 묵상해 봅시다.

'그때 이런 말씀을 들었었지. 이 말씀은 이런 뜻이었지' 하며 묵상을 하다 보면 해야 할 기도들이 떠오르고 자연스레 기도가 나오게 됩니다. 그리고 자기도 모르는 사이에 더 깊이 말씀을 묵상하게 됩니다. 이것이 예수님을 생각하는 방법입니다.

말씀의 되새김질

저는 어려서 시골에서 자랐기 때문에 소를 끌고 나가서 풀을 많이 먹였습니다. 눈만 뜨면 소를 끌고 나가서 한두 시간 풀을 뜯깁니다. 그 시간에 소에게 풀을 뜯기지 않으면 소가 하루종일 굶을 수 있기 때문입니다. 그래서 아침 일찍 몰고 나가서 논둑에서 풀을 먹이고 돌아옵니다. 여름철에는 10시, 11시가 되면 해가 뜨거워집니다. 이때쯤 소는 그늘에 앉아서 되새김질을 시작합니다. 먹은 것을 다시 끄집어내서 잘근잘근 씹기 시작합니다.

소에게 여물을 먹여 보면, 처음 풀을 뜯을 때는 정신없이 뜯습니다. 숨이 차서 허덕이며 언제 씹어서 넘기는지도 모르게 마구 먹어 댑니다. 어떤 때는 걱정도 됩니다. 그냥 막 뜯어먹고 삼키니까 옆에서 보면 참 답답합니다. 그렇게 해서 배가 부르면 되새김질할 자리를 잡고 앉아서 눈을 지그시 감습니다. 그제서야 마구 삼킨 풀을 되새김질해서 다시 꼭꼭 씹기 시작합니다.

미첼이라고 하는 인도의 학자가 되새김질하는 소 곁에서 시간을 재 보았습니다. 마치 소가 몸에 타이머를 갖고 있는 것같이 정확하게 움직였다고 합니다. 한번 되새김질 하는 데 걸리는 시간은 55초였습니다. 장시간 체크를 했는데, 1초도 틀리지 않고 정확했다고 합니다. 되새김질을 해서 두 번째 위에다가 착착 채우고 두 번째 위가 가득 차면, 세 번째 위에 채우고 세 번째 위가 가득 차면, 네 번째 위까지 가득 채웁니다. 그러면 소의 침과 풀이 잘 섞여 위를 통해 흡수되고, 그 흡수된 영양분이 피를 통해 온몸에 공급됩니다. 되새김질을 잘하니까 소는 풀만 먹고 자라도 통통하게 살이 오르고 건강해집니다.

우리도 마찬가지입니다. 예배시간에 설교를 열심히 듣지만, 이 시간은 어떻게 보면 아침에 소를 몰고 나가서 풀을 뜯기는 시간과 비슷합니다. 목사는 쉬지 않고 30, 40분 동안 설교를 합니다. 성도들은 계속해서 듣습니다. 그냥 받아먹고 삼키는 것입니다. 그리고 나서 소가 하는 되새김질의 시간을 가질 필요가 있습니다. 생각하고 곱씹고 하나님이 왜 내게 이렇게 말씀하셨는지를 생각할 시간이 필요합니다. 특별히 따로 떼어서 예수님과 시간을 가집니다. 말씀을 조용히 외워도 보고, 묵상도 해 봅니다. 설교에서 들은 말씀 한마디 한마디를 되새김질하듯 곰곰히 되뇌어 봅니다.

그런 시간에 성령님께서 주시는 특별한 은혜가 있습니다. 설교자가 깨달은 말씀보다 어쩌면 더 달콤하고 깊이 있는 말씀을 깨달을 수가 있습니다. 성령의 은혜로 말씀을 깨닫고, 그 깨달은 말씀으로 영혼을 가득 채워 보시기 바랍니다. 말씀이 영혼의 혈관을 통해서 공급되면 영적 피곤이 싹 가시는 것을 체험하게 될 것입니다. 내 안에서 새 힘이 솟는 것을 우리 모두 체험하게 될 것입니다.

하나님의 말씀을 되새김질하면서 예수님을 생각해 본 적이 있습니까? 만약 이런 시간이 없었다면 당연히 피곤할 수밖에 없습니다. 마음에는 무거운 짐이 항상 짓누르고 있을 수밖에 없습니다. 예수님을 생각하라고 했는데 생각하지 않고 인생을 사니까 그럴 수밖에 없습니다. 피곤하다는 말만 하지 말고 이 문제를 해결하기 위해 성경에서 말씀하신 하나님의 해결책을 실천해 봅시다. 하나님은 거짓말하지 않는 분이십니다.

우리가 "피곤하고 낙심될 때 예수를 생각하라"고 하신 그 말씀대로 순종만 하면 반드시 우리 영혼의 피곤, 정신의 피곤을 주님께서 풀어 주십니다. 그렇게 하지 않으면 죽습니다. '아버지'라는 소설에 나온 주인공처럼 죽게 됩니다. '지금까지 내가 예수님을 참 등한히 했구나. 그래, 잠깐이라도 예수님을 생각하는 습관을 기르자'고 결심하고 일주일에 한 시간 정도는 따로 떼어 구별해 놓읍시다.

하루 정도 운동을 못 하고 사우나를 못 가도, 내 영혼의 피곤을 풀기 위해 예수님을 깊이 만납시다. 소가 되새김질하듯 주의 말씀을 되새김질하면서 주님 앞에 자신을 한번 드려 봅시다. 그분과 마주 앉아서 한번 이야기를 나누어 봅시다. 그분을 묵상해 봅시다. 시간을 내어 주님과 만나는 사람은 다릅니다. 영혼의 피곤이 해결되면, 우리의 얼굴은 훨씬 더 밝아지고 우리의 생각은 더욱 건강해질 것입니다.

❋ ❋ ❋

**당신이 낙심될 때,
이 사람을 한번 생각해 보시지 않겠습니까?**

02 » 인생이 주는 피곤

마지막 단계인 영적 성숙의 자리에 들어서면 그때는 상황이 좀 달라집니다. 우리는 예수님을 믿으면서 많은 시험을 당하게 됩니다. 연단도 받습니다. 영적 싸움 때문에 명예로운 상처도 이 모양 저 모양으로 갖게 됩니다. 그렇게 시간이 흐르면서 우리의 모습은 점점 예수님을 닮아 가게 됩니다. 이때 우리의 신앙생활은 걸어가는 단계입니다. 속도는 좀 느린 것 같고, 어쩌면 박진감이 없어 보이기도 합니다. 그러나 우리는 계속해서 걸어가야 합니다. 신앙의 첫사랑으로 날아오르는 경험도 소중하고, 뒤이어 달리는 경험도 소중하지만, 무엇보다 중요한 것은 꾸준히, 계속해서 걷는 것입니다.

거룩하신 이가 이르시되
그런즉 너희가 나를 누구에게 비교하여
나를 그와 동등하게 하겠느냐 하시니라
너희는 눈을 높이 들어 누가 이 모든 것을 창조하였나 보라
주께서는 수효대로 만상을 이끌어 내시고
그들의 모든 이름을 부르시나니
그의 권세가 크고 그의 능력이 강하므로 하나도 빠짐이 없느니라
야곱아 어찌하여 네가 말하며 이스라엘아 네가 이르기를
내 길은 여호와께 숨겨졌으며
내 송사는 내 하나님에게서 벗어난다 하느냐
너는 알지 못하였느냐 듣지 못하였느냐
영원하신 하나님 여호와, 땅 끝까지 창조하신 이는
피곤하지 않으시며 곤비하지 않으시며
명철이 한이 없으시며
피곤한 자에게는 능력을 주시며
무능한 자에게는 힘을 더하시나니
소년이라도 피곤하며 곤비하며
장정이라도 넘어지며 쓰러지되
오직 여호와를 앙망하는 자는 새 힘을 얻으리니
독수리가 날개치며 올라감 같을 것이요
달음박질하여도 곤비하지 아니하겠고
걸어가도 피곤하지 아니하리로다

_ 이사야 40:25-31

내 눈이 쇠하도록

우리는 세상을 살아가면서 여러 가지 이유로 많은 피곤을 느낍니다. 아마 저마다 피곤을 해결하는 방법 하나쯤은 다 가지고 있을 것입니다.

머리가 지끈거릴 만큼 신경 쓰이는 일이 생겼습니까? 어떤 사람들은 친구를 만나서 속이야기를 나누고 싶을지도 모릅니다. 몸이 무겁고 말을 잘 듣지 않습니까? 이럴 때 잠을 달게 자고 나면 몸이 가뿐해지는 사람도 있습니다. 어떤 사람은 피곤을 풀기 위해 배낭을 메고 산으로 가기도 하고, 또 어떤 사람은 라켓을 들고 밖으로 나가 땀을 흘리기도 합니다. 모두들 각기 자신에게 맞는 방법을 찾아 피곤을 해결합니다.

그러나 삶 자체가 주는 본질적인 피곤은 어떻게 해결하고 있습니까? 실패가 주는 피곤을 여러분은 어떻게 풀고 있습니까? 평생을 안고 살아야 하는 심각한 질병이 주는 피곤을 어떻게 풀고 있습니까? 남몰래 가슴속에 깊은 고뇌를 안고 씨름할 때 오는 그 피곤을 여러분은 어떻게 해결하고 있느냐는 것입니다. 잠을 잔다고 해결이 됩니까? 산에 가서 두세 시간 있다가 오면 문제가 사라지고 없습니까? 그렇게 해서 해결될 일이 아니라는 것을 우리는 잘 알고 있습니다.

몸이 좀 피곤하고 머리가 복잡할 때는 대부분 스스로 해결할 수 있습니다. 하지만 인생이 주는 본질적인 피곤은 사람의 방법으로는 결코 해결할 수 없고 그것에서 자유로울 수도 없습니다. 이 사실은 누구나 인정할 수밖에 없습니다.

하나님은 우리에게 이 근본적인 피곤을 해결하는 방법 하나를 가르쳐 주셨습니다. "주를 앙망하라"는 것입니다. 하나님께서 말씀하십니다. "나를 앙망하라. 실패가 주는 피곤이든, 질병이 주는 피곤이든, 인생의 무거운 짐으로 피곤할 때마다 나를 앙망하면 반드시 내가 너를 그 피곤에서 벗어나게 해줄 것이다. 또 새 힘을 줄 것이다." 이것이 바로 이사야 40장 말씀입니다. "피곤한 자에게는 능력을 주시며 무능한 자에게는 힘을 더하시나니…오직 여호와를 앙망하는 자는 새 힘을 얻으리니." 이사야 40:29, 31상

'앙망'이란 단어는 히브리어로 '비틀어서 하나로 묶는다'는 뜻입니다. 여러 가지 물건을 하나로 모으려면 비틀어서 한데 묶어 놓지 않습니까? 그런 의미라고 생각하면 됩니다. 이것이 어떻게 '앙망'이라는 단어와 통하는지는 조금만 생각해 보면 알 수 있습니다. 무언가를 간절히 기다리고, 간절히 소망하고, 간절히 바라보다 보면 우리 몸이 비틀리는 것처럼 느껴질 때가 있지 않습니까?

시편 저자는 이런 말을 했습니다. "내가 종일 주를 기다리나이다." 시편 25:5 종일토록 바란다는 것을 한번 생각해 봅시다.

한두 시간 기다리는 것은 누구나 할 수 있습니다. 그러나 하루 종일 간절하게, 아주 간절하게 기다린다고 생각해 보십시오. 몸이 뒤틀리는 고통을 느낄 수 있을 것입니다. 이런 자세를 일컬어서 '앙망한다'고 표현합니다.

이런 표현이 또 하나 있습니다. "내 눈이 쇠하도록 앙망하나이다." 이사야 38:14 얼마나 기다리고 바라보았으면 눈이 침침해질 정도로 피곤을 느꼈겠습니까? 이만큼 사모하는 것이 곧 앙망하는 것입니다. 그렇게 하면 하나님이 새 힘을 주시고 모든 피곤에서 벗어나게 하신다고 약속하셨습니다.

하나님을 앙망하라

하나님을 앙망하는 것이든, 사랑하는 사람을 앙망하는 것이든 간에 앙망을 하려면 마음에 끌리는 것이 있어야 됩니다. 내 마음이 움직여서, 그쪽으로 열심히 향하게 만드는 뭔가가 있을 때 앙망하게 되는 것입니다. 옆에서 누가 떠민다고 절대로 그렇게 되지 않습니다. 협박을 해도 억지로 앙망하도록 만들 수는 없다는 이야기입니다. 무언가가 있어야 합니다.

이사야는 말씀을 통해서 하나님을 앙망하기 원하는 사람은 꼭 하나 알아야 될 것이 있다고 가르칩니다. 하나님이 얼마나 크신가, 얼마나 강하신가를 분명히 깨달아야 한다는 것입니다.

그 사실을 확인하고 깨닫게 된 사람은 자신도 모르게 그 크고 강하신 하나님을 앙망하게 된다고 가르쳐 주고 있습니다.

하나님이 강하고 전지전능하시다는 것은 사실 상식에 속한 이야기입니다. 굳이 성경 말씀을 찾아보지 않아도 기본적으로 '하나님은 크고 강한 분'이라고 모두 알고 있습니다. 그러나 하나님을 그 정도로 알아서는 앙망할 수가 없습니다. 우리는 성령으로 말미암아 하나님의 자녀가 된 거룩한 사람입니다. 하나님의 자녀로 다시 태어난 사람입니다. 그러므로 우리에게는 소위 '친자본능'이라는 것이 있습니다. 누구든지 자녀라면 자기 아버지를 알아보는 본능이 있지 않습니까?

제가 아는 어떤 사람은 네다섯 살 된 아들을 데리고 자주 외출을 하는데, 음식점에 가서 식사를 하거나 공공장소에서 사람들을 만나면 그 사이에 아이는 여기저기 돌아다니면서 사람들을 발로 툭툭 차고 다닌답니다. 그래서 한동안 아이에게 "왜 그러니? 왜 다른 사람들을 그렇게 차니? 그러면 못 써" 하며 말렸는데도, 그 버릇이 쉽게 고쳐지지 않았습니다.

아이의 아버지는 찬찬히 생각해 봤다고 합니다. '왜 저렇게 사람들을 발로 툭툭 차고 다닐까?' 하고 말입니다. 그러다 중요한 사실을 발견했습니다. 아이는 아빠가 옆에 있을 때만 그런 행동을 한다는 것이었습니다. 어린 자녀에게 아빠는 세상에서 제일 큰 존재입니다. 어린 자녀에게는 이 세상에 아빠보다 더 큰 사람이 없습니다. 그러니까 '우리 아빠가 내 옆에 있는데 넌 뭐냐?' 하며 발로 툭툭 차고 다녔던 것입니다. 아이의 생각에는 그렇게 큰 아빠가 뒤에 있으니, 신이 나서 의기양양하게 발로 차고 다닌 것입니다.

우리가 하나님의 자녀로 성령 안에서 거듭나면 이런 친자본능을 갖게 됩니다. 하나님 외에는 우리 눈에 들어오는 것이 없습니다. 우리에게 하나님이 가장 강하고 가장 크다는 사실은 가슴이 막 울렁거릴 정도로 감동적인 일입니다. 그러나 이런 본능적인 감동만 가지고 하나님을 전적으로 앙망하며 살아가는 것은 쉽지 않습니다. 그렇기 때문에 하나님께서는 말씀을 통해서 자신이 얼마나 강한지를, 자신이 얼마나 크신지를 우리에게 가르쳐 주고 계십니다.

하나님의 말씀을 보면 하나님이 얼마나 크신가, 얼마나 전지전능하신가 하는 것을 여러 군데에서 찾아볼 수 있습니다. 하지만 하나님의 크심을 우리가 어떻게 다 알 수 있겠습니까? 하나님의 강하심을 우리가 무슨 재주로 다 깨닫고 이해할 수 있겠습니까? 그것은 불가능한 이야기입니다. 우리는 한두 가지만 잘 알고 있어도 충분합니다.

혹시 풍경 사진을 찍어본 경험이 있습니까? 가을 설악산으로 한번 가 봅시다. 붉은 단풍, 노란 단풍, 어떤 것은 아직도 초록색이 남아 있는 이제 막 붉게 물들어 가고 있는 단풍도 있습니다. 오색찬란한 설악산의 그 아름다운 모습을 보는 사람들마다 사진을 찍느라고 정신이 없습니다. 사방에서 찰카닥 찰카닥 셔터 소리가 요란합니다. 그렇게 열심히 찍었는데, 집에 돌아와 사진을 보면 어떻습니까? 그때 보았던 그 풍경이 아닙니다. 온 산을 물들였던 그 단풍의 정취는 없습니다. 풍경만 찍고 보면 그때 그 느낌을 사진 한 장에 담을 수 없다는 것을 깨닫게 됩니다.

어찌 보면 그 장엄한 대자연을 작은 프레임 안에 담으려고 한 것이 억지였을지도 모릅니다. 그래서 전문 사진작가들은 전체 풍경을 다 담지 않습니다. 특별히 마음에 드는 한 부분만을 고르고 나머지는 싹둑싹둑 잘라냅니다. 그것은 설악산의 전부가 아닙니다. 그러나 사진을 감상하는 사람들은 '야! 설악산 단풍 아름답다. 우리나라 설악산 정말 명산이야!' 이렇게 감탄합니다. 설악산의 전부를 담아서 일일이 다 볼 필요가 없습니다. 한 부분만 보아도 알 수 있습니다. 하나님도 그렇습니다.

그분이 얼마나 크고 강하신지 그것을 우리의 지각으로 다 알 수가 없습니다. 우리가 이 땅에 사는 동안에는 그분을 알려고 해도 다 헤아리지 못할 정도로 그렇게 크신 분이십니다. 그러나 한두 가지만 깊이 인식하고 있어도 하나님을 앙망해야겠다는 마음의 감동이 일어날 수 있습니다. 이사야는 하나님이 얼마나 크신지, 하나님이 얼마나 강하신지를 다음 두 가지를 들어 증명하고 있습니다.

저 하늘을 창조하신 이를 보라

이사야는 하나님이 창조하신 하늘을 보면 그가 얼마나 크고 강한 분인가를 알 수 있다고 말합니다.

> 너희는 눈을 높이 들어 누가 이 모든 것을 창조하였나 보라 주께서는 수효대로 만상을 이끌어 내시고 그들의 모든 이름을 부르시나니 그의 권세가 크고 그의 능력이 강하므로 하나도 빠짐이 없느니라
> _이사야 40:26

하나님의 크심에 대한 감동이 깊이 전해지는 본문입니다. 그러나 본문에 어려운 부분이 있으니 다시 한 번 깊이 살펴봅시다.

> 하늘을 올려다보아라. 누가 저 많은 별들을 창조하였느냐? 여호와께서 그 많은 별들을 군대처럼 배치해 놓으시고, 하나하나 그 이름을 불러 점호하신다. 권능이 무한하시고, 힘이 강하신 그분은 별 하나도 빠뜨리지 않으신다.

하나님의 무한한 권능, 웅장한 힘이 느껴집니까? 이사야는

하늘을 보면서 느끼는 깊은 감동으로 외치고 있습니다. 시편에도 이런 노래가 나옵니다. "그가 별들의 수효를 세시고 그것들을 다 이름대로 부르시는도다." 시편 147:4

하나님이 천지를 창조하실 때, 하늘을 창조하시는 데 이틀을 보내셨습니다. 이틀 동안 말씀으로 창조하셨습니다. 저 하늘이 얼마나 크고 광대한가를 우리는 짐작하기 어렵습니다. 특히 하늘이 맑고 푸를 때, 그 아름다운 모습을 드러낼 때 하늘을 쳐다보고 있노라면 "와, 참 아름답다. 참 높다!" 하고 나도 모르게 절로 감탄사가 새어 나옵니다. 아침에 태양이 그 장엄한 자태를 드러낼 때 우리는 그 광경을 보며 감탄하고, 밤하늘을 수놓은 수많은 별들을 올려다보면서 그 어떤 신비감에 젖기도 합니다. 하늘이 얼마나 크고 광대한지 우리는 다 알지 못합니다. 천문학자들의 인터뷰나 기사를 보고 들어도 잘 실감하지 못하는 것이 우리입니다.

1977년에 토성을 탐색하기 위해 미국에서 우주선 하나를 쏘아 올렸습니다. 보이저 1호입니다. 그 우주선은 지구를 떠나면서 하루 120만 킬로미터의 속도로 달렸습니다. 얼마나 빠른 건지 감이 잘 잡히지 않을 것입니다. 고속도로에서 차를 정신없이 몰아도 시속 140킬로미터 정도입니다. 그렇다면 하루에 120만 킬로미터라는 속도가 감이 오십니까? 그 속도로 3년 2개월을 달려 토성에 도착했습니다. 그러니 지구에서 토성까지

도대체 그 공간이 얼마나 넓은지 실감이 나지 않습니다.

천문학자들의 말을 빌리면, 지구가 속해 있는 태양계는 우리가 볼 때 어마어마하게 넓은 것 같아도, 전 우주에 비하면 한쪽 모퉁이의 조그마한 점 하나에 지나지 않는다고 합니다. 도대체 이 우주가 얼마나 넓은 것이기에 그렇습니까? 우리가 올려다 보는 저 하늘은 얼마나 광대한 곳입니까? 우리의 지식을 가지고는 도무지 헤아릴 수 없는 공간입니다. 그만큼 넓고 큰 하늘을 하나님이 창조하셨습니다. 그러니 하나님은 또 얼마나 크고 광대하시겠습니까? 이 우주를, 저 하늘을 창조하신 분이 바로 우리 아버지 되십니다.

하나님은 우주 공간을 창조하는 것으로 끝내지 않으셨습니다. 이 우주를 창조하신 다음에 정연한 법칙에 따라 질서 있게 우주를 운행하시는 전능하신 하나님입니다. 천문학자들의 말에 의하면 지구 주변으로 매일 큰 바윗덩이들이 지나가는데, 우리는 이 바윗덩이를 '소행성'이라고 부릅니다. 지름이 1킬로미터나 되는 큰 바윗덩어리들이 1년에 2천 개 이상 지구를 아슬아슬하게 스쳐서 지나간다고 합니다. 어떤 행성은 불덩이가 되어 지나가다 타 버리기도 하고, 어떤 행성은 아예 공간 속으로 영원히 사라지기도 합니다. 그 하나하나의 소행성이 가지고 있는 에너지가 무려 100만 메가톤에서 수백만 메가톤이라고 합니다. 그 중 하나가 지구의 어느 모퉁이에라도 부딪히기만 하면 이 지구는 완전히 끝나는 것입니다.

그러니 한번 상상해 보십시오. 이 우주를 지배하는 전능자가 계시지 아니하면, 소행성이 지나가다가 충돌이 일어나고 사고가 일어날 수 있는 확률은 얼마든지 있는 것입니다. 지름이 1킬로미터 되는 2여 천 개의 소행성, 100미터 되는 30여 만 개의 소행성, 20미터 되는 1억 개 이상의 돌덩이들이 지구 주변을 쏜살같이 날아가는데 그것들이 질서 안에 운행되지 않으면 생각하지 않아도 뻔한 일이 벌어집니다.

그런데 지금까지 소행성이 지구와 부딪혀서 사고가 났다는 기록이 없습니다. 어떤 때는 천문학자들이 조마조마해 가지고 "야, 저 행성이 지금 우리 지구를 향해 다가온다. 조금만 있으면 몇 킬로미터까지 접근한다. 이것 잘못하면 충돌하겠다" 하며 흥분하는 모습이 방송과 신문에 나오는 것을 봅니다. 하지만 우리는 미동하지 않을 수 있습니다. 그것은 전 우주만물을 주관하시는 하나님이 계시기 때문입니다. 또한 그분이 우리를 끔찍이 사랑하신다는 믿음이 있기 때문에 걱정하지 않을 수 있습니다.

하나님은 정말 크시고 능력이 많으십니다. "과연 내(하나님) 손이 땅의 기초를 정하였고 내 오른손이 하늘을 폈나니 내가 그들을 부르면 그것들이 일제히 서느니라." 이사야 48:13 전능하신 하나님, 크신 하나님, 그분이 바로 우리 아버지십니다. 우리를 지극히 사랑하는 아버지 되신다는 것입니다. 그 하나님께서 "나를 앙망하라"고 말씀하십니다.

한번 생각해 봅시다. 우리가 그 하나님의 크고 능하심을 하늘을 보고 알 수만 있다면 어찌 그를 앙망하지 않겠습니까? 어찌 그를 찾지 않겠습니까? 어찌 그를 향하여 부르짖지 않겠습니까? 모르니까 내 마음에 감동이 없는 것입니다. 내 마음이 움직이지 않으니까 앙망하지 않는 것입니다. 하나님을 제대로 안다면, 그를 앙망할 수밖에 없습니다.

우리는 물방울 같고 티끌 같구나

이사야는 우리에게 하나님의 크고 강하심을 알려 주기 위해 또 하나의 예를 들고 있습니다. 하나님에 비해서 인간이 얼마나 하찮은 존재인가를 보여 줌으로써 크고 강하신 하나님을 역설하고 있습니다. "보라 그에게는 열방이 통의 한 방울 물과 같고 저울의 작은 티끌 같으며."이사야 40:15 주님께서는 세계 만민이 두레박에서 떨어지는 물방울에 불과하고, 저울의 접시 위에 앉은 먼지나 마찬가지라고 합니다.

하나님이 얼마나 크신가요? 얼마나 강하신가요? "그는 땅 위 궁창에 앉으시나니 땅에 사는 사람들은 메뚜기 같으니라"이사야 40:22고 합니다. 인간이 메뚜기만큼 작아 보인다고 합니다. 또

"땅 끝까지 창조하신 이는 피곤하지 않으시며 곤비하지 않으시며 명철이 한이 없으시"이사야 40:28다고 합니다.

에이든 토저라고 하는 저명한 기독교 저술가는 이런 말을 했습니다.

전능하신 하나님은 새롭게 에너지를 보충하실 필요가 없습니다. 그분은 스스로 항상 충분하십니다. 우리가 기름이 떨어지면 주유소에 가고, 배가 고프면 식탁에 앉아서 밥을 먹듯이 그렇게 계속 충전을 받아야 힘이 생기는 그런 분이 아닙니다. 그분은 에너지를 공급받기 위해 어디를 찾아다닐 필요가 없습니다. 필요한 모든 힘은 자신의 무한한 존재 속에 내재되어 있으며, 줄지 아니하는 충만함 속에 거하십니다.

이분이 바로 우리가 믿고 있는 하나님입니다. 반면에 우리 인생은 그렇게 힘이 펄펄 넘치는 청년이라도 금방 피곤해지고, 도무지 지치지 않을 것 같은 장정이라도 세월이 조금만 지나면 넘어지고 자빠지게 됩니다. 그러니 능력 많고, 그 크신 하나님 앞에서 우리 인간은 얼마나 하찮은 존재입니까?

우리를 보고 메뚜기니, 버러지니 하면 자존심이 상합니다. 왜 그런가 하면 사실 우리도 대단한 존재이기 때문입니다. 평범한 존재가 아닙니다. 하나님이 그렇게 만드셨습니다. 굉장합니다. 조금만 잘못 생각하면 '내가 하나님이다'라고 착각할 충분한 이유가 있습니다. 우리 몸을 구성하는 염색체가 정보량을 얼마나 갖고 있느냐 하면, 염색체 하나에 정보량이 200억 바이트나 된다고 합니다.

200억 바이트란 300단어를 쓴 A4용지로 200만 장을 찍어내는 정도의 정보량입니다. 이것을 500페이지 짜리 책으로 만들어 도서관에 비치한다면 그 양이 4천 권의 책과 맞먹는다고 합니다. 그러니까 우리 염색체 한 개에 장서 4천 권 규모의 도서관이 들어 있는 것입니다. 분석하면 분석할수록 이 인간이라는 존재가 얼마나 정교하고 대단한지요!

그럼에도 불구하고 하나님은 인간을 "이 메뚜기야, 버러지야" 하고 부르십니다. 그러니 하나님이 얼마나 광대한 존재입니까? 하나님이 우리에게 묻습니다. "너희가 나를 누구에 비기며 누구와 짝하며 누구와 비교하여 서로 같다 하겠느냐?"

그 크신 하나님을 우리는 아버지로 모시고 살고 있습니다. 그렇기 때문에 앙망하라는 것입니다. 피곤하다고 짜증 부리지 말고, 암담한 현실에 절망하지 말고, 그럴 때마다 크고 강하신 하나님을 앙망하라는 것입니다. 하늘을 창조하신 하나님, 이 우주에서 짝할 자가 하나도 없으신, 비교할 자가 하나도 없으신 저 크고 광대하신 하나님을 앙망하면, 새 힘을 주신다고 약속하십니다.

걸어가도 피곤치 않으리

'새 힘을 준다'는 말은 '새롭게 한다' 혹은 '재충전 한다'는 뜻을 갖고 있습니다. 이런 말씀을 들으면 가슴이 뛰지 않습니까? 아무리 믿음 없는 사람이라도, 아무리 성경에 대해서 잘 모르는 사람이라도 이 말씀을 들으면 힘이 납니다.

> 오직 여호와를 앙망하는 자는 새 힘을 얻으리니 독수리가 날개치며 올라감 같을 것이요 달음박질하여도 곤비하지 아니하겠고 걸어가도 피곤하지 아니하리로다 _이사야 40:31

이 말씀을 다시 한 번 깊이 묵상해 보면 이런 뜻입니다.

오랫동안 여호와를 믿고 기다리는 사람은 언제나 새 힘을 얻기 때문에 마치 강풍을 타고 창공으로 치솟아 오르는 독수리처럼 그들도 하나님의 영에 이끌림 받아 올라갈 것입니다. 그들은 뛰고 달려도 피곤한 줄을 모르며 아무리 먼 길을 걸어도 쓰러지지 않을 것입니다.

우리는 보통 작은 것부터 시작해서 점차 큰 것으로 발전하는데, 이 말씀에서는 거꾸로 가고 있습니다. 날아가는 것을 먼저 이야기하고, 그 다음에 달리는 것, 걷는 것 순으로 되어 있습니다. 이것은 '케타베이시스' *Katabasis*라고 하는 표현법인데, 음악으로 말하자면 일종의 '데크레셴도' *decrescendo*입니다. 아주 강하게 연주하다가 점점 여려지는 표현법입니다. 이는 은혜 안에서 볼 수 있는 성장의 단계를 나타내기도 합니다.

처음 예수를 믿게 되면 우리는 예수님의 그 사랑을 깨닫고 그분이 나의 죄를 용서해 주신 감격을 알게 됩니다. 하나님이 우리에게 주신 하늘나라의 영광을 알게 되면, 가슴이 터지고 미어질 것 같아서 견디지 못할 큰 감동을 받습니다. 그런 뜨거운 사랑을 느끼고 나면 기도도 많이 합니다.

또 믿지 않는 자들이 지옥가는 것이 너무 안타까워 어떤 모욕을 당하더라도 열심히 전도하게 됩니다. 이런 황홀한 은혜, 첫사랑의 때는 우리 모두에게 '날아가는' 시기입니다. 그러나 계속 날아다닐 수는 없습니다. 물론 어떤 사람들은 지속적으로 날아다니기도 하지만, 대부분의 사람들은 한 3, 4년 정도 그런 첫사랑의 열정으로 날아다니는 삶을 삽니다. 여호와를 앙망하는 자에게는 그런 날아다니는 힘을 주십니다.

그 다음 단계에 접어들면, 우리는 진리의 말씀을 배우면서 신앙을 키우게 됩니다. 하나님의 말씀을 통해서 그의 뜻이 무엇인지 분별하게 되는 제 2단계, 영적 도약기가 있습니다. 이럴 때는 날아가는 모습이 아닌, 달려가는 형태를 띠게 됩니다. 어떤 면에서 속도는 좀 떨어질 수 있지만 이 단계도 빠른 속도를 내는 단계이기 때문에 나중 된 자가 먼저 되는 은혜를 경험하는 것을 자주 봅니다.

교회 안을 잘 살펴보면 이런 분들이 굉장히 많이 있습니다. 믿기는 늦게 믿었지만, 먼저 믿은 사람보다 앞서갑니다. 이 사람들은 달리고 있는 것입니다. 달리는 은혜도 굉장히 중요합니다. 날아오르는 은혜보다 달리는 은혜의 기간이 더 깁니다. 그러나 달리는 것도 그리 오래 지속되지는 못합니다.

마지막 단계인 영적 성숙의 자리에 들어서면 그때는 상황이 좀 달라집니다. 우리는 예수님을 믿으면서 많은 시험을 당하게 됩니다. 연단도 받습니다. 영적 싸움에서 명예로운 상처들도 이 모양 저 모양으로 갖게 됩니다. 그렇게 시간이 흐르면서 우리의 모습은 예수님을 점점 닮아 갑니다.

이때 우리의 신앙생활은 걸어가는 모양입니다. 속도가 조금 느린 것 같고, 어쩌면 박진감이 없어 보일 수 있습니다. 그러나 계속해서 걸어갑니다. 신앙의 첫사랑으로 날아오르는 경험도 소중하고, 뒤이어 달리는 경험도 소중합니다. 그러나 무엇보다 중요한 것은 꾸준히, 계속해서 걷는 것입니다.

찬송가에도 이런 노랫말이 나옵니다. "메마른 땅을 종일 걸어가도 나 피곤치 아니함은…." 이 가사처럼 걷는다는 것은 굉장히 중요합니다. 하나님의 위대한 종들을 보면, 십자가를 지고 그 험한 길을 낙심하지도, 주저앉지도 않고 끝까지 걸어가 결국엔 승리하고 하나님께 영광을 돌립니다. 반면 한동안 막 날아다니는 것처럼 하다가 그 다음에는 이내 곤두박질치고 떨어지는 사람들은 아무 일도 할 수 없습니다.

인생을 살다 보면 날아야 할 때도 있고, 달려야 할 때도 있습니다. 하지만 더 중요한 것은 늘 걸어야 한다는 것입니다. 신앙생활에서는 걷는 것을 멈추는 순간 죽게 됩니다. 인생을 완주할 때까지 우리는 쉬지 않고 꾸준히 걸어야 합니다.

달리거나 나는 것으로 반짝하다가 꺼지는 것보다는 걸어갈 수 있는 힘을 꾸준히 공급받는 것이 참으로 중요합니다. 매일 보는 남편 때문에 어려움이 있을 때에도, 매일 출근하는 직장에서 상사나 동료 때문에 어려움이 있을 때에도 우리는 쉬지 않고 걸어가야 합니다. 걸어갈 힘을 계속 얻으려면 하나님을 앙망해야 합니다. 앙망하면 새 힘을 주십니다.

주를 앙망하나이다

아펜젤러 선교사가 인천에 상륙하고 얼마 지나지 않아 동네 주민들을 전도해서 1885년에 예배당을 지었는데, 그 교회가 지금 인천에 있는 '내리교회'입니다. 그 교회를 20년 넘게 담임하신 목사님과 담소를 나눌 기회가 있었습니다.

그분이 처음 부임했을 때에는 교회가 작았는데, 본래 있던 옛날 건물을 다 헐어 버리고, 1980년대에 새로운 예배당을 지었다고 합니다. 당시 교인 수가 천삼백 명 정도였는데, 예배당을 새로 짓고 교회가 시험에 들었다고 합니다.

교회에서 중심 역할을 하는 중직자들이 한 스무 명 남짓 있었는데 그 가운데 일곱 분이 교회 안에 분쟁을 일으킨 것입니다. 예배당을 지을 때 그분들은 경제적 여건이 안 좋아서 그랬는지 헌금을 많이 하지 못했습니다. 어떤 분은 1억도 내고, 또 다른 분은 2억도 냈는데 상대적으로 자기들이 너무 초라해진 것 같은 생각이 들었나 봅니다.

그들은 '예배당이 완공되었으니까 이제 우리가 설 땅이 없어지는구나' 하며 위기의식을 느꼈습니다. 그리고는 '지금까지 우리가 이 교회의 주도권을 쥐고 일을 한 것처럼 보이려면 저 목사를 쫓아내야 한다'고 생각하고 문제를 일으켰습니다. 얼마나 교회가 어려워졌겠습니까?

3년 반 동안 그 교회는 그야말로 죽지 못해 겨우 연명하는 것 같은 고통을 맛보았다고 합니다. 심지어 한참 어려울 때는 그 일곱 분이 깡패까지 동원해 예배시간에 목사를 강단에서 끌어내리려고 하기도 했답니다. 정말 기가 막힌 일입니다. 그러니 이 목사님이 어땠겠습니까? 밤에 자리에 누워도 잠이 오지 않았고, 밥맛도 달아나 몸은 야위어만 갔답니다.

어느 날, 그 목사님은 '야, 이러다가는 내가 완전히 가겠구나' 하는 생각이 번쩍 들어서 다시 옷을 반듯하게 고쳐 입었다고 합니다. 넥타이를 다시 매고, '내가 죽어도 목사로서 죽어야지' 하고 예배당 기도실로 갔답니다. 기도가 나오지 않아, 밤중에도 "주여!" 하고 부르짖고, 새벽에도 "주여!" 하고 부르짖었다고 합니다.

하루는 여느 날처럼 불면증으로 고생하다가 밤중에 기도실로 가서 한 30분을 부르짖던 중, 본인도 모르는 사이에 코까지 골며 완전히 깊은 잠에 곯아떨어졌답니다. 한참 자다 깜짝 놀라 일어나 보니 한 시간쯤 지나 있었습니다. 그 잠이 어찌나 달던지 그간 쌓인 피곤이 확 날아가 버리고 새 힘이 막 솟구쳐서, 그때부터 새벽까지 하나님 앞에 엎드려 기도하고 찬양하고 그랬답니다.

첫날밤에 그렇게 재미를 보고 나서는 그 문제가 다 해결될 때까지 그분은 1년 반을 저녁에 옷 한번 벗은 일이 없었다고 합니다. 밤만 되면 기도실로 가서 "주여!" 하고 부르면 하나님께서 "오냐, 잘 왔다! 푹 자거라! 내가 새 힘을 주노라" 말씀하시니 그렇게 한 시간쯤 푹 자고 일어난 뒤 계속 기도하다가 아침이 되면 일하러 가고…. 그렇게 하니까 몸도 점점 좋아졌다고 합니다. 그 목사님은 그저 피곤하고 어려우면 하나님 앞에 가서 "주여!" 하며 주님만 바라보고 앙망하면 끝난다고 합니다. 그렇게 기도밖에 한 것이 없는데, 하나님께서 그 교회의 문제를 하나하나 해결해 주셨습니다.

　이것은 누군가의 이야기 정도로만 여기고 넘어갈 것이 아닙니다. 이것이 바로 진리입니다. 하나님께서 피곤한 자들에게 약속하셨습니다. 자기를 앙망하는 자에게는 새 힘을 주신다고 말입니다. 우리 하나님은 거짓말하지 않으십니다. 저 높고 넓은 하늘을 창조하신 전능하신 하나님, 크신 하나님, 광대하신 하나님이 자기를 앙망하는 자에게 새 힘을 주신다고 약속하셨습니다.

　독수리처럼 날아오를 수도 있고, 소년처럼 달려갈 수도 있고, 험한 사막이라도 꾸준히 걸어갈 수 있는 힘을 주신다고 약속하셨습니다. 그런 하나님을 앙망하지 않을 이유가 어디 있습니까? 피곤하십니까? 세상 살아가는 일이 만만치 않으십니까? 하나님을 앙망하십시오.

　앙망하는 것은, 간절히 기도하는 것입니다. 앙망하는 것은, 하나님께 내 모든 것을 전적으로 맡기는 것입니다. 앙망하는 것은, 오직 하나님만 바라보고 그분이 내 모든 문제를 해결해 주실 것을 추호도 의심하지 않는 것입니다. 그런 믿음을 가지고 내 눈이 쇠하도록 하나님을 쳐다보는 것입니다. 이것이 '앙망'입니다. 우리 모두 하나님을 앙망합시다. 그분은 크고 광대하고 전능하십니다. 그분이 바로 우리 아버지 되십니다.

❋ ❋ ❋

피곤한 자에게는 능력을 주시며
무능한 자에게는 힘을 더하시나니…
오직 여호와를 앙망하는 자는 새 힘을 얻으리니

_이사야 40:29, 31상

03 » 마음이 텅 비었습니다

"목사님, 정신적으로 이상한 사람이 어떻게 이렇게 많을 수가 있죠? 하루에 수백 명이 몰려옵니다. 어떤 때는 제가 너무 지쳐 가지고 정신이 다 없습니다. 그런데 목사님 이거 아세요? 정신적으로 문제가 있어서 저에게 찾아오는 사람들 중 상당수가 교인이라는 사실이요." 신유의 은사를 받은 집사님 한 분이 저에게 들려준 말입니다. 이 말은 저에게 큰 충격이 아닐 수 없었습니다. 교회가 진실로 은혜가 충만하다면 정신적으로 약하거나 문제가 있는 사람들이 들어와도 강건해져야 마땅합니다. 그런데 치유 받으러 구름 떼처럼 몰려드는 사람들이 교인이라니 놀라지 않을 수가 없습니다.

이러므로 내가 하늘과 땅에 있는 각 족속에게
이름을 주신 아버지 앞에 무릎을 꿇고 비노니
그의 영광의 풍성함을 따라
그의 성령으로 말미암아
너희 속사람을 능력으로 강건하게 하시오며

_ 에베소서 3:14-16

속사람이 병들다

최근 뉴스에 따르면 우리나라에서 교통사고로 죽는 인구보다 자살로 죽는 인구가 1.5배 더 많다고 합니다. 참으로 충격적이지 않을 수 없습니다. 우울증뿐만 아니라 정신분열증을 앓는 사람도 증가했고, 신경증 환자나 성격 장애를 일으키는 사람들도 늘어났습니다. 더 넓게는 귀신에게 사로잡혀 완전히 혼돈의 세계에서 생활하는 사람도 많이 있습니다. 어떤 때에는 정신적으로 문제가 발생할 때 이 원인이 귀신 때문인지 정신병 때문인지 구별하기가 굉장히 어렵습니다. 대부분의 증상이 비슷해 보이기 때문입니다.

정신이 약해지면 사탄이 우리의 마음을 함부로 노략질할 수 있습니다. 따라서 '정신이 약해졌다, 정신에 문제가 있다'는 것은 인격뿐만 아니라 개인의 삶을 볼 때에 얼마나 치명적인 일인지 모릅니다. 그러나 어떤 면에서 보면 이런 정신적인 문제들이 많이 발생한다는 것은 우리나라가 선진국으로 진입하고 있다는 하나의 증거이기도 합니다. 왜냐하면 이것은 선진국, 즉 경제적으로 부유한 나라에서 흔히 볼 수 있는 현상이기 때문입니다.

우리는 모두 정신 건강을 해치기 쉬운 문화와 환경 속에 몸담고 살아가고 있기 때문에 경고가 필요합니다. 물질적으로 번

영하면, 어느 시대를 막론하고 사람들의 정신에 병이 든다는 것은 무슨 하나의 공식처럼 적용되어 왔습니다. 물질적으로 번영한 나라치고 정신적으로 병들지 않은 나라가 역사상 지금까지 하나도 없었습니다. 단지 그 기간이 얼마나 길었느냐 짧았느냐의 차이였지, 결국에는 모두 망했습니다. 날마다 '어떻게 하면 즐길까?' 하는 생각이 머릿속에 가득 차 이렇게 인생을 즐길 생각만 하고 살다 보면 마침내 정신적으로 병이 들어 버린다는 것을 우리는 잘 알고 있습니다.

요새 아이들을 보면 도대체 아쉬운 것이 없습니다. 본인이 원하는 것을 거의 다 누려 가며 자라는 데도 가끔 보면 공부하는 것 자체를 감당하지 못하고 뒤로 넘어가는 아이들도 있습니다. 얼마나 아이들이 나약해졌는지 모르겠습니다. 또 요즘 주부들 부엌에 들어가면 손가락 하나만 가지고도 부엌에서 해야 할 일들의 80퍼센트는 다 할 수 있습니다. 꼭 누르면 밥 되지, 꼭 누르면 세탁 되지, 꼭 누르면 음식도 데워집니다.

이렇게 버튼 하나 누르면 대부분 누릴 수 있는 세상이 되었습니다. 이 정도 여건이라면 옛날 주부들보다 훨씬 여유 있는 모습이어야 하는데, 이상하게 요즘 주부들은 더 날카롭고 예민해진 것 같습니다. 조금 더 여유를 누리기 위해 편리한 것들을 만들어 내고 그것들의 도움을 받고 있기에 이론상 더 여유가 있어야 하는데, 오히려 그 반대입니다. 정신적으로 자꾸만 약해진다는 것입니다.

3D Difficult, Dangerous, Dirty 업종 기피 현상이 왜 있습니까? 물론 쉬운 일은 아닙니다. 하지만 과거부터 해 오던 일이었음에도 불구하고 왜 갑자기 3D업종 기피 현상이 사회적으로 문제가 되었을까요? 그것은 우리가 정신적으로 약해져서 3D업종을 감당하기 어렵기 때문에 그런 현상이 일어나는 것입니다. 정신적으로 약한 사람들은 고통이나 어려움에 대해서 무조건 피하고 보자는 심리가 있습니다.

고통이라고 느끼는 것은 정신 건강과 굉장히 밀접한 연관성을 갖습니다. 우리는 한때 굉장히 가난했지만 정신적으로 건강했기 때문에 10리 길을 걷는 것을 고통스러워하지 않았습니다. 그러나 요즘은 버스를 타려고 한 블록을 걸어야 하는 상황이 되면 '귀찮다, 힘들다'고 짜증을 내는 사람들을 심심찮게 볼 수 있습니다. 정신적으로 나약해져서 고통이라 볼 수 없던 것까지 고통으로 여기게 되었기 때문입니다.

과거의 어머니들은 땔감을 들고 부엌에 들어가서 매운 연기를 마셔 가며 불을 땠습니다. 그렇게 물을 끓여서 밖으로 가지고 나와 그것으로 세수도 하고, 빨래도 했습니다. 그네들은 불 때고, 더운 물 나르고 하는 것이 고통인 줄을 몰랐습니다. 그러나 오늘날 어쩌다가 온수가 나오지 않아 가스레인지로 찬물을 데워야 하면, 불편하다고 툴툴거리는 것이 다반사입니다. 고통이 아닌 것을 고통으로 여기는 것은 정신적인 문제입니다. 이런 현상이 계속 진행되다 보면 급기야는 정신적으로 악영향을 미치거나 문제를 일으키기도 합니다.

탓, 탓, 탓

정신 건강을 지키려면 신앙생활을 제대로 하는 수밖에 없습니다. 정신적으로 문제가 있던 사람도 신앙생활을 잘하면 정신이 건강해지고 완쾌됩니다. 평소에는 신앙생활 잘하는 것처럼 보이는데, 정신적으로 문제를 안고 있다면 그것은 우리의 신앙생활에 문제가 있는 것입니다.

목회생활에 늘 따라다니는 고민거리 하나가 있습니다. 그러지 않을 것 같은 사람인데, 그런 일이 있어서는 안 될 것 같은 사람인데, 가끔씩 정신적으로 문제를 일으키는 것을 보기 때문입니다. 본인 스스로 바로 서 있지 못하니까 부부관계에 문제가 일어납니다. 자녀들과 충돌하게 됩니다. 이웃과 문제가 생깁니다. 가는 곳마다 문제가 생기고, 사고가 일어납니다.

저는 얼마 전에 충격적인 이야기를 들었습니다. 신유의 은사를 받은 집사님 한 분이 우리 교회 가까운 곳에서 봉사를 하고 계십니다. 지방에 사는 타 교회 집사님인데 그분은 항상 일주일에 이틀은 서울에 올라와서 자신의 은사로 섬긴다고 합니다.

그 집사님이 특별히 받은 은사는 신경 계통의 질환이나 귀신 들린 사람들을 고치는 것이라고 합니다. 그 집사님을 통해 놀라운 하나님의 역사가 일어났고, 많은 사람들이 치유 받았습니다. 그러니 한 번 올라오면 이틀 동안 수백 명의 환자들을 만나게 됩니다.

한번은 그 집사님이 제게 이런 말을 했습니다. "목사님, 정신적으로 이상한 사람이 어떻게 이렇게 많을 수가 있죠? 하루에 수백 명이 몰려옵니다. 어떤 때는 제가 너무 지쳐 가지고 정신이 다 없습니다. 그런데 목사님 이거 아세요? 정신적으로 문제가 있어서 저에게 찾아오는 사람들 중 상당수가 교인이라는 사실이요."

이 말은 저에게 큰 충격이 아닐 수 없었습니다. 교회가 진실로 은혜가 충만하다면 정신적으로 약하거나 문제가 있는 사람들이 들어와도 강건해져야 마땅합니다. 그런데 치유 받으러 구름 떼처럼 몰려드는 사람들이 교인이라니 놀라지 않을 수가 없습니다.

사람들은 점점 영리해져서 자기에게 조금 문제가 된다 싶으면 전부 남 탓으로 돌립니다. 자라난 환경 탓, 가족에게 사랑받지 못한 탓, 누구한테 상처 입은 탓, 가난한 탓 등 별별 이유를 다 붙여 가며 남 탓하기 바쁩니다. '나는 잘못한 거 없다, 나는 억울하게 당한 사람이다' 는 식으로 설명하며 슬그머니 남에게 이유를 미뤄 놓습니다. 이것이 프로이드 심리학이 현대인에게 끼친 영향입니다.

　심리학을 전공했든지 안 했든지 나도 모르는 사이에 프로이드라고 하는 망령으로 우리 정신이 얼마나 병들었는지 모릅니다. 모든 것을 나 아닌 다른 사람이나 환경 탓으로 돌려 버립니다. 하나님의 말씀은 나의 모습을 돌아보게 하고 내 안의 잘못을 생각하고 반성하도록 이끌어 주는데, 이렇게 인도하는 말씀은 전부 옆으로 제쳐 놓습니다. 교회를 다녀도 항상 환경 탓, 남 탓, 가난 탓 등을 하며 건강하지 못한 생각들을 이어갑니다. 예수님을 믿는다고 해도 그 안에 능력이 없습니다. 말씀에 순종하지 않고, 세상이 흘러가는 대로 내 정신이 흘러가게 놓아두기 때문입니다.

　정봉덕 장로님이라는 분이 국민일보에 자신의 일대기를 연재했습니다. 읽어 보니 참 기가 막혔습니다. 태어난 지 열흘만에 어머니가 세상을 떠났고, 중학생 때는 아버지마저 세상을 떠났습니다. 그때가 일제 시대였는데, 어린 몸에 굶어 가면서 1인 3역을 했다고 합니다. 그리고 해방 되자마자 혈혈단신으로 남한에 내려왔기에 이 분은 제대로 사랑을 받아 본 적이 없습니다. 누군가의 보호 아래, 울타리 안에서 어린 시절을 제대로 난 적도 없습니다.

　그의 마음은 만신창이였을 것이고, 상처투성이였을 것입니다. 하지만 그 장로님은 누구보다 건강하고 건전하게 사회에 기여하고 있습니다. 그는 하나님의 나라를 위해서 지금까지 수십 년 동안 봉사하면서 살아왔습니다. 그렇게 할 수 있었던 것은 신앙생활을 바르게 했기 때문입니다. 이 장로님만 봐도 환경 탓, 부모 탓, 가난 탓하는 것은 모두 자기 핑계입니다. 성경적으로는 이런 이유들이 통하지 않습니다.

새롭게 된 속사람

하나님의 은혜는 맨 먼저 우리의 속사람을 강건케 하는 데 집중됩니다. 속사람은 바로 정신과 직결되기 때문에 속사람이 강건하면 정신 건강이 좋을 수밖에 없습니다. 속사람이 건강하면 정신도 건강합니다. 속사람에 문제가 있다면 정신에도 문제가 생깁니다. 이것은 누구도 깰 수 없는 영적인 원리입니다.

성경이 이 진리를 명확하게 교훈하고 있습니다. 정신 건강은 성령의 능력을 받아 속사람이 강건해지는 데서 옵니다. "그의 영광의 풍성함을 따라 그의 성령으로 말미암아 너희 속사람을 능력으로 강건하게 하시오며."에베소서 3:16

사도 바울의 이 말씀은 우리에게 깊고 심오한 진리를 가르쳐 줍니다. 하나님은 영광 중에 풍성하신 분입니다. 하나님에게는 없는 것이 없습니다. 이 하나님의 풍성함을 기본으로 하여 성령님이 날마다 우리에게 능력을 주시기 때문에 속사람이 강건하게 되는 것입니다.

바울은 지금 로마의 차디찬 감옥 바닥에 무릎을 꿇고 엎드렸습니다. 사랑하는 에베소 교인들을 생각하면서 하나님 앞에 이렇게 기도합니다.

"하나님, 하나님은 풍요로우신 분이십니다. 모든 것을 가진 부요하신 분이십니다. 사랑하는 에베소 교인들을 위해 기도합니다. 성령의 능력을 날마다 공급하여 주시옵소서. 넘치도록 공급하여 주시옵소서. 그리하여 그들의 속사람이 강건하게 하옵소서. 네로 황제의 핍박이 다가옵니다. 이 백성들이 어떻게 될지 모르오니, 사랑하는 주의 백성들이 어려운 세상에서 핍박을 이기고 승리할 수 있도록, 주여 이들의 속사람을 강건하게 하옵소서. 그러기 위해서는 성령의 능력을 날마다 물 붓듯 부어 주셔야 합니다. 속사람을 새롭게 하여 주시옵소서."

이 기도 중에서 우리가 집중하고 보아야 하는 것은 '속사람'이라고 하는 단어입니다. 바울은 이 속사람을 다른 많은 용어들과 섞어서 사용합니다. 예를 들면 '정신'이라는 단어와 '속사람'이라는 단어를 거의 같은 개념으로 이야기하고 있습니다. 마음이나 뜻, 혼이라든지 영, 양심과 같은 용어들을 바울은

'속사람'과 거의 같은 내용으로 사용하고 있습니다. 그러므로 '속사람'이라는 단어는 인간을 두 자아로 나누어서 이야기할 때 사용하는 일반적인 표현이라고 보면 됩니다.

"겉사람은 낡아지나 우리의 속사람은 날로 새로워지도다." 고린도후서 4:16 여기에서 '속'은 '겉'과 구별하여 기록하고 있습니다. '속'이라고 할 때 이것은 '속사람'이라는 뜻입니다. 결론은 '겉사람도 있고 속사람도 있다'는 이야기입니다. 이렇게 두 가지를 병행해서 성경은 우리의 인격을 해석하고 다룹니다. 이런 의미에서 보면 속사람은 우리가 예수를 믿으면서 성령 안에서 거듭나는 새로운 자아입니다. 우리는 이것을 새로운 피조물이라고 말합니다. 이 자아는 하나님께서 내주하고 계시는 자아입니다. 성령님이 내 안에서 역사하시는 자아입니다.

우리가 예수님을 알기 전에는 이 자아가 죽어 있었습니다. 그러나 성경은 말합니다. "그는 허물과 죄로 죽었던 너희를 살리셨도다." 에베소서 2:1 여기서 '죽었다'는 것은 우리 몸이 죽었다는 말이 아니라, '우리의 속사람이 죽어 있었다'는 뜻입니다.

예수님을 믿지 않는 사람들은 겉사람은 살아 있지만 속사람은 다 죽은 자들입니다. 우리는 예수님 때문에 속사람이 생명을 얻게 된 자들입니다. 들을 줄 알고, 볼 줄 알고, 말할 줄 알고, 느낄 줄 알고, 울기도 하고, 좋아서 뛰기도 하는 속사람의 모든 기능이 살아났다는 것입니다.

살아난 속사람으로 우리는 누군가와 영적 교제를 나누게 됩니다. 바로 우리 안에 영으로 계시는 예수님, 하나님, 성령님입니다. 우리는 삼위일체 하나님과 말도 할 수 있고, 들을 수도 있고, 눈으로 보기도 하고, 손으로 만지기도 하고, 어떤 때는 감정을 이기지 못해 그분 앞에서 울기도 하고, 춤추기도 합니다. 이 모두가 속사람이 할 수 있는 일입니다. 예수님을 온전히 믿으면 속사람이 성령님의 능력으로 강건해지고, 우리의 정신도 건강해집니다.

가끔 보면 겉보기에는 신앙생활을 잘하는 것 같은데 왕왕 문제를 일으키는 사람이 있습니다. 그 사람의 신앙생활에 어딘가 허점이 있을 거라고 저는 생각합니다. 만약 이런 문제가 있다면, 성령님의 인도하심을 구하며 자신의 문제를 분명히 발견해야 합니다.

하나님의 자녀는 속사람이 강건하지 못하면 정신 건강에 빨간불이 들어옵니다. 우울증이나 신경 질환, 성격 장애가 찾아옵니다. 과민 반응을 하고, 정신 분열을 일으킵니다. 나중에는 누군가를 용서하지도 못하고 받아들이지도 못하게 됩니다. 만나는 사람마다 충돌을 일으킵니다. 이웃과의 관계도 단절됩니다. 이런 일들이 계속해서 벌어지면 막다른 길까지 내몰리게 되고, 마귀가 와서 그 사람을 질질 끌고 다니게 됩니다.

이 세상은 아주 패역한 곳입니다. 아직은 마귀들이 판을 치는 곳입니다. 예수를 믿지 않는 사람들은 마귀의 수중에 있습니다. 그들은 마귀가 일부러 건드릴 필요가 없는 사람들입니다. 어쩌면 그들은 세상에 살면서 항상 마귀의 보호를 받으며, 정신적으로 뭐 그리 대단한 공격 없이 살아갈 수 있는지도 모릅니다.

하지만 예수를 믿는 사람은 새 생명을 얻은 자들입니다. 속사람이 살아난 하나님의 거룩한 백성입니다. 이 세상에서 예수 믿는 사람은 가라지가 아닌 알곡입니다. 알곡은 아무 데서나 자라지 않습니다. 알곡은 정성으로 돌봐야 합니다. 시간을 들여 가꿔야 됩니다. 그래야 건강하게 자랄 수 있습니다. 만약 제대로 돌봐 주지 않고 내버려 두면 잡초 때문에 살아남지 못합니다.

또한 예수 믿는 사람들은 마귀의 권세로부터 자유를 얻은 하나님의 백성입니다. 그러므로 우리는 마귀의 지배 아래 있지 않습니다. 하지만 아직 세상에서 살아가야 하기 때문에 늘 깨어 있어야 합니다. 마귀는 우리의 틈만 노리고 있다가 약점이 하나라도 잡히기만 하면, 바로 치고 들어옵니다.

우리가 마귀를 이기고, 세상을 이기고, 잡초 속에서 건강하게 자라고 좋은 열매를 맺기 위해서는 날마다 성령님이 주시는 능력을 공급받아야 합니다. 험난한 세상을 살면서 어설픈 신앙생활로 속사람에 문제가 생기면, 마귀는 그 기회를 놓치지 않고 와서 우리를 건드립니다. 시험합니다. 그리고 사탄의 수중으로 더 깊이 끌고 가려고 합니다. 그럴 때, 예수 믿는 사람이 오히려 믿지 않는 사람보다 정신적으로 더 문제를 일으킬 수 있습니다.

이 때문에 바울은 에베소 교인들이 성령님께서 주시는 능력을 받아 속사람이 날마다 강건케 되기를 기도했습니다. 속사람이 날마다 강건케 되는 것은 자연의 힘이 아니라 초자연의 힘입니다. 사람의 힘이 아니라 하나님의 힘입니다.

인간의 의지에서 나오는 힘이 아닙니다. 성령님의 의지로 우리에게 주어지는 힘입니다. 우리는 이 힘을 공급받아야 합니다. 이 힘에 붙들려 살아야 합니다. 그래야만 우리의 정신도 제 기능을 발휘할 수 있습니다.

속사람을 위한 건강수칙

속사람이 강건하기 위해서 무엇을 어떻게 해야 하냐고 묻는다면, 새로운 어떤 해답은 아무것도 없습니다. 우리가 아주 잘 알고 있는, 아주 상식적인 이야기들뿐입니다.

'신바람 나는 건강법'을 주제로 강의하는 황수관 박사의 책을 읽어 보거나, 그분 강의를 들어 본 사람이라면 공통적으로 느끼는 것이 있습니다. '새로울 것이 없다' 는 것입니다. 어떻게 하면 우리가 건강하게 살 수 있느냐는 질문에 대한 그의 대답은 아주 간단합니다. 골고루 잘 먹고, 좋은 공기 마시고, 적당하게 운동하고, 항상 기쁘게 생활하는 것입니다. 이것이 끝입니다.

그런데 여기서 황 박사가 특별히 강조하는 것이 있습니다. 바로 '기쁘게 살라'는 것입니다. 그럼 '어떻게 하면 항상 기쁘게 생활할 수 있느냐'는 질문에 그는 '예수를 믿으면 된다'고 합니다. 이렇게 자기 강의를 통해 기쁨의 근원이신 예수님을 소개합니다.

속사람을 위한 건강수칙도 이와 마찬가지입니다. 성령님이 우리에게 능력을 주시는 네 가지 방법이 있는데, 이미 우리가 잘 알고 있는 것들입니다. 첫째는 하나님의 말씀을 골고루 잘 먹는 것입니다. 둘째는 기도로 영적 호흡을 지속하는 것입니다. 셋째는 남을 위해 봉사하는 것입니다. 그리스도인에게 섬김의 생활은 영적 운동이라 할 수 있습니다. 마지막으로 주님의 말씀대로 항상 기뻐하려고 노력하고 감사하려고 노력하는 것입니다.

이런 자에게 성령님께서 날마다 새로운 힘과 능력을 공급해 주십니다. 이 네 가지 방법을 통해 성령님은 우리 속사람을 강건하게 해주십니다. 이제 한 가지씩 구체적인 방법들을 살펴봅시다.

첫째로, 속사람은 하나님의 말씀을 먹어야 삽니다. "하나님의 말씀은 살아 있고 활력이 (있습니다)." 히브리서 4:12 그리고 "사람이 떡으로만 살 것이 아니요 하나님의 입으로부터 나오는 모든 말씀으로 살 것이라" 마태복음 4:4 하고 하셨습니다. 이 말씀에 나오는 '사람'은 속사람을 가리킵니다.

그러므로 우리는 말씀을 골고루 잘 먹어야 합니다. 주일이 되면 예배당에 나와 하나님의 말씀을 들으려고 집중합니다. 주중에는 수요 예배를 드리며 말씀에 귀 기울이고, 구역모임에 참석해서 말씀을 나눕니다. 더 열심을 내자면 시편 1편에 나오는 '복 있는 사람'처럼 말씀을 주야로 묵상합니다. 이렇게 영적인 영양분을 섭취하는 사람치고 정신적으로 문제를 일으키는 사람은 없습니다.

"여호와의 율법은 완전하여 영혼을 소성시키며." 시편 19:7 하나님의 말씀은 완전합니다. 그래서 말씀을 주야로 묵상하는 사람의 영혼을 날마다 소생시켜 줍니다. 정신적으로 약해졌다는 생각이 들 때 가장 먼저 점검할 것은 하나님의 말씀을 제대로 먹고 있는지 살피는 것입니다.

둘째로, 성령님은 당신 안에서 무시로 기도하는 사람에게 능력을 주십니다. 기도는 영혼의 호흡이자 영혼이 숨쉬는 방법입니다. 두 가지 기도가 있는데 좋은 공기를 마시는 기도와 혼탁한 공기를 마시는 기도입니다.

혼탁한 공기를 마시는 기도는 하기 싫어서 억지로 하는 기도를 말합니다. 믿음 없이 하는 기도, 하나님을 신뢰하지 못하면서 입으로만 하는 기도는 영적으로 혼탁한 공기를 들이마시는 것입니다. 다른 사람이 보니까 어쩔 수 없이 형식적으로 때우는 기도, 하다말다 하는 기도, 정욕으로 구하는 기도도 마찬가지입니다. 이런 기도는 속사람에게 성령님의 능력을 주지 못합니다.

반면 좋은 공기를 마시는 것과 같은 기도는 성령 안에서 무시로 하는 기도입니다. 어느 곳에 있든지 누구와 있든지, 말을 하거나 길을 걷거나, 앉거나 설 때에도 항상 성령의 감동하심으로 아버지 하나님과 속삭이는 기도입니다. 특별히 시간을 정해 놓고 주님 앞에 나아가 마음에 있는 모든 것을 토하고 아뢰는 기도입니다. 이런 기도의 흐름이 계속되는 사람은 좋은 공기를 마시는 것처럼 속사람이 건강합니다.

셋째로, 몸의 건강을 위해서 적당한 운동이 필수이듯 속사람을 위해서도 영적 운동이 필요합니다. 은혜 받은 것을 흘려보내고 나누어야 합니다. 사랑으로 섬기는 일에, 세상에서 복음을 전하는 일에, 교회 안에서 봉사하는 일에, 남을 위해 희생하는 일에 시간을 들여야 합니다.

호스피스 봉사자들을 가만히 지켜보십시오. 죽음에 임박한 환자들은 바라보는 것만으로도 너무 비참해서 차마 보기가 어렵습니다. 그런 사람들을 마지막까지 돌보아 주고, 그들의 영혼을 위해 기도해 주고, 말벗이 되어 주는 일은 보통 일이 아닙니다. 아무나 쉽게 할 수 있는 섬김이 아닙니다. 호스피스 봉사자들을 보면 하나같이 그 얼굴이 얼마나 밝은지 모릅니다. 그들의 속사람이 얼마나 건강한지 모릅니다. 성령님께서 그렇게 봉사하는 사람들에게 매일매일 새 힘을 공급하심으로 속사람을 강건하게 해주시기 때문입니다.

마지막으로, 항상 감사하고 기뻐하려고 노력하십시오. 범사에 감사하라고 했으니까 특별히 감사할 일이 없어도 감사하려고 노력하는 것입니다. 항상 기뻐할 일이 생기지는 않습니다. 그럼에도 불구하고 주님이 명령하시기 때문에 항상 기뻐하려고 노력하는 사람을 주님이 기뻐하십니다. 그리고 더욱 기쁘게 살아갈 힘을 풍성히 공급해 주십니다.

하나님이 우리에게 주시는 시간

이 네 가지 방법을 바르게 지킬 때, 우리의 속사람은 날로 강건해집니다. 만약 교회를 다니면서, 예수 믿는다고 하면서 정신적으로 문제가 일어난다면 이 네 가지 중 무엇에 소홀했는지 찾아야 합니다.

스승의 날을 맞아 어느 집사님 부부가 제게 장문의 편지를 보내 왔습니다. 스승의 날이기에 주는 감사의 편지이기도 하지만, 그 내용은 저에게 큰 감동을 안겨 주었습니다. 읽는 내내 눈물을 많이 흘렸습니다.

집사님의 남편이 회사에서 파견을 받아 오사카에서 일을 하게 되었습니다. 어느 날 이들 부부가 서너 살 먹은 아들과 함께 외출하려고 준비하던 중, 아들이 정원에 있는 자그마한 연못에 그만 빠지고 말았습니다. 아이는 가라앉아 버렸고, 연못이 꽤 깊었는지 부모는 아이를 찾을 수가 없었습니다. 간신히 아이를 건져냈을 때는 시간이 꽤 흐른 뒤였고, 다행히 숨은 쉬고 있었지만 뇌가 손상되어 버렸습니다. 뇌 기능에 치명적인 상처를 입은 것입니다.

저는 그 일이 있은 지 1년쯤 지나서 그 가정을 만났기 때문에 아이를 앞에 두고 기도하고 돌아온 기억밖에는 없습니다. 그런데 편지에 보니까 사고가 난 후 하나님께서 그 집사님에게 어떻게 은혜를 주셨는지 자세히 써 있었습니다.

그 집사님은 주님께 필사적으로 매달렸다고 합니다. 그 당시 남편은 그다지 믿음이 없었기 때문에 혼자서 주님께 매달렸다고 합니다. 그때 하나님께서 성령의 능력으로 속사람을 얼마나 강건하게 해주셨는지 아무리 기도를 해도 힘들지 않고 오히려 그 시간이 짧게 느껴졌다고 합니다. 성경을 펼치면 하나님의 말씀이 그렇게 꿀맛처럼 달 수가 없었답니다.

아이가 그 지경이 되었는데 어떻게 성경이 눈에 들어올까 하는 의문이 드는 분도 계시겠지요. 우리 생각에는 그럴 수 있습니다. 그러나 그 집사님은 당시 상황을 이렇게 고백합니다.

"주의 영이 계신 곳에는 자유가 있느니라"(고린도후서 3:17)는 말씀처럼 하나님은 저를 찬송하게 만드셨고, 방언의 은사를 주셨습니다. 저는 성령 충만한 가운데 아들을 간호하는 것이 전혀 힘들지 않았습니다.

자기 손에 있는 무기라고 해봐야 성경책과 찬송가 외에는 아무것도 없었습니다. 그러나 은혜에 사로잡히니까 병실에 오는 사람들마다 붙잡고 '예수 믿으라'고 전도하는 사람으로 바뀌었습니다. 옆집에 사는 타카하시라고 하는 학원을 경영하는 일본 여자가 있었는데, 평소에는 전도를 해도 바쁘다는 핑계로 잘 듣지 않더니 아이가 사고가 난 뒤로, 밤에 쓰레기를 버리러 나가면 가끔 마주쳐서 인사를 나눴다고 합니다.

타카하시 상은 이 집사님을 만날 때마다 그녀의 얼굴에 광채가 나는 것을 느꼈다고 합니다. 그 얼굴에 광채를 보고, '아들이 지금 죽느냐 사느냐 하는 고비에 있는데 어떻게 저렇게 얼굴에서 광채가 날까?' 하고 생각했답니다. '아, 그 집이 예수 믿는 집안이라지.' 그렇게 생각을 하고는 찾아와서 자기도 예수 믿겠다고 자기 발로 교회로 걸어 나왔답니다.

저는 이 편지를 읽는 내내 '목사보다 낫다. 목사보다 낫다'라는 감탄이 멈추질 않았습니다. 우리 집 아이들은 한 번도 그렇게 고생한 일이 없습니다. 그러니까 사실 저는 경험해 보지 않은 뭔가를 지금 말하고 있다고 해도 과언이 아닙니다. 그러나 한 가지는 분명히 알고 있습니다. 하나님의 능력이 얼마나 강하고 풍성하냐는 것입니다. 이런 이야기를 하면서 집사님은 이렇게 글을 썼습니다.

"아들의 상태는 지금도 여전하지만, 우리 가족은 이 상태로도 감사하며 하나님의 복음을 전할 수 있게 되었습니다. 목사님, 아들이 12년을 누워 있지만 하나님의 은혜로 견딜 수 있었으며 아들을 통해 불신자를 전도하게 해주셨습니다. 아무리 힘들고 어려운 일을 만난 가정이라도 제가 당하고 있는 일을 이야기하면서 전도하면 그들은 할 말을 잃고 그런 힘을 주신 하나님이라면 자기도 믿어 보겠다는 말을 합니다. 제자훈련을 받으면서 '나는 아무것도 할 수 없다'며 두 손 들고 주님한테 고백할 때마다 주님은 제 마음에 평안과 자유를 주셨고, 기쁨과 감사하는 마음을 주셨습니다."

더욱 저를 놀라게 한 것은 이 집의 초등학교 2학년 되는 딸아이가 쓴 한 편의 시였습니다. 학교 개교 기념일을 맞아 열린

백일장에서 입선한 시라고 합니다.

> 12년이 지났다
> 지금까지 기도를 해 왔는데 소용이 없었다
> 하지만 우리는 하나님을 버리지 않고 열심히 기도한다
> 왜냐하면 하나님께서 우리에게
> 시간을 주시는 것일지도 모르기 때문이다
> 우리 오빠를 보면 왠지 마음이 행복하다
> 오빠 얼굴을 보면 오빠가 누워 있는 모습이
> 꼭 천사가 누워 있는 모습 같다
> 우리 오빠는 그 어려운 위기에서도 이겨 내리라 믿는다
> 우리 오빠가 빨리 나았으면 좋겠다

이 가정의 조건을 한번 생각해 봅시다. 정신적으로 부도가 나도 열 번은 넘게 날 수 있는 가정입니다. 말도 못하고, 제대로 듣지도 못하고, 움직이지도 못하는 그런 가족이 집안에 누워 있습니다. 그런 가정에서 자라면 정상적인 자녀들도 엇나갈 텐데, 이 가정의 둘째는 아픈 오빠를 보면서 천사를 보는 것 같다는 말을 할 정도로 온 가정이 은혜 충만합니다.

믿음이 없던 남편은 벌써 제자훈련, 사역훈련 다 받고 리더로 섬기고 있습니다. 부인은 지금 사역훈련을 받는 중입니다만

한때는 성가대에 앉아 있는 것을 제가 보았습니다. 그 부부의 얼굴에는 그늘이 없습니다.

얼마나 건강한 가정입니까? 이런 건강이 어디서 올 수 있습니까? 하나님의 말씀을 붙들고 날마다 기도하기 때문에, 성령님의 놀라운 능력을 공급받기 때문에 이와 같은 은혜가 있는 것입니다.

성령의 능력으로

살벌한 경쟁 사회에서 우리가 지칠 대로 지쳐 있는 것은 사실입니다만 그렇다고 정신적으로 느슨해져 있으면 안 됩니다. 약한 부분이 보이면 속사람의 건강부터 체크해야 합니다.

과거에 비해 요즘 사람들은 마음에 여유가 참 없어 보입니다. 증오심과 열등감, 교만과 자기애, 질투심과 탐심으로 마음이 얼룩져 건드리기만 하면 터질 것 같은 증세를 보이는 사람들이 너무나 많습니다. 믿음생활을 한다고 하면서 이와 같이 심리적으로 무서운 적들에게 포위당해 있다면 그것은 정상이 아닙니다.

성령의 능력을 받아서 여러분의 속사람을 더욱 강건하게 하십시오. 성령의 능력을 받기 위해서 하나님의 말씀을 먹어야 합니다. 기도를 해야 합니다. 주님의 나라와 영광을 위하여 봉사할 수 있는 사람이 되어야 합니다. 그리고 더 기뻐해야 합니다. 더 감사해야 합니다.

가정에서 아내가 먼저 성령의 능력을 받으면, 남편도 힘을 얻게 됩니다. 용기를 가질 수 있습니다. 자신감을 회복할 수 있습니다. 또한 연약한 자녀들도 강건해집니다. 뿐만 아니라, 우리 주변에 정신적으로 약해서 살 소망을 잃어버린 많은 사람들에게 생기를 전해 주는 통로가 될 수 있습니다. 그들을 하나님 앞으로 인도해서 성령의 치유하심을 받도록 돕는 강한 손을 가질 수 있습니다.

하나님은 성령의 능력으로 속사람을 강건하게 하십니다. 속사람이 강건하면 정신적으로 약해지지 않습니다. 이 영적 원리에서 벗어나지 않도록 하나님의 말씀대로 순종하여 성령의 능력을 받으시기 바랍니다. 성령의 능력이 우리 속사람을 힘 있게 소성시키는 놀라운 역사가 있기를 바랍니다.

❋ ❋ ❋
하나님의 자녀는 속사람이 강건하지 못하면
정신 건강에 빨간불이 들어옵니다.

04》 두려워 말라

우리는 하나님의 자녀입니다. 부모가 자기 자녀가 어려울 때 가만히 있겠습니까? 내버려 두지도, 가만히 있지도 않을 것입니다. 우리가 하나님의 자녀이기 때문에 하나님이 반드시 우리를 위해 하시는 일이 있습니다. 그러므로 하나님의 자녀라는 신분, 그의 백성이라는 신분을 한 시도 잊지 마십시오. 그래야 쓸데없는 두려움과 불안에 부들부들 떨지 않습니다. 설사 내 옆에 있는 사람이 어떤 사고를 당하고, 내가 알고 있는 사람이 어떤 병으로 죽어도 그것 때문에 내가 부들부들 떨 필요가 없습니다. 하나님의 자녀라는 사실은 나의 머리카락까지도, 내 코의 호흡까지도, 내 마음의 생각까지도 하나님께서 일일이 간섭하실 만큼 특별한 존재가 되었다는 것입니다.

그러나 나의 종 너 이스라엘아
내가 택한 야곱아 나의 벗 아브라함의 자손아
내가 땅 끝에서부터 너를 붙들며
땅 모퉁이에서부터 너를 부르고
네게 이르기를 너는 나의 종이라
내가 너를 택하고 싫어하여 버리지 아니하였다 하였노라
두려워하지 말라 내가 너와 함께함이라
놀라지 말라 나는 네 하나님이 됨이라
내가 너를 굳세게 하리라 참으로 너를 도와주리라
참으로 나의 의로운 오른손으로 너를 붙들리라

_ 이사야 41:8-10

두려움이라는 감정

"두려워하지 말라 내가 너와 함께함이라 놀라지 말라 나는 네 하나님이 됨이라 내가 너를 굳세게 하리라 참으로 너를 도와주리라 참으로 나의 의로운 오른손으로 너를 붙들리라." 이사야 41:10

우리 중에 이 말씀을 좋아하지 않는 사람은 아마 한 명도 없을 것입니다. 우리는 이 말씀을 자주 묵상하기도 하고, 또 필요할 때는 일부러 찾아서 읽을 만큼 즐겨봅니다. 이 한 구절의 말씀으로 하나님의 은혜를 떠올릴 수 있기 때문입니다.

병상에 누워 있는 형제를 찾아가도 이 말씀을 가지고 위로해 줄 수 있습니다. 낯선 곳으로 이민을 가는 가족들의 불안함에도 이 말씀이 큰 위안이 됩니다. 먼 길을 떠나는 형제나 어려운 시련을 만나 힘들어하는 자매를 보면 어김없이 이 말씀을 건네주게 됩니다. 어떤 형제는 이 말씀을 지갑에 넣어 가지고 다니며 시시때때로 꺼내 보기도 합니다. 또 어떤 자매는 예쁜 글씨로 액자를 만들어 침대 머리맡에 걸어 놓고는 아침저녁으로 이 말씀을 가까이 합니다. 이렇듯 이 말씀을 의지하고 좋아하는 사람들을 주변에서 흔히 볼 수 있습니다.

그렇다면 왜 그리스도인들 대부분이 이 말씀을 좋아할까요? 그것은 너 나 할 것 없이 마음속에 두려움을 안고 있기 때문입니다. 출국하기 위해 공항에 가면 비행기를 타기 전에 한 사람도 예외 없이 몸수색을 합니다. 손으로 만져서 확인할 수 없는 것은 전자기계를 동원해 무기류, 화약류를 찾아냅니다. 그 기계 앞에서는 웬만한 것은 다 걸리게 마련입니다.

우리 중에 아무나 좋습니다. 이사야 41장 10절이라는 문을 만들어 놓고 그 밑을 통과하게 해 보십시오. 분명히 빨간 경고등이 켜지면서 드러나는 증상이 있을 것입니다. 그것은 두려움에 대한 경고 사이렌입니다. 이 문을 지나는 모든 사람의 마음 한구석에 자리 잡고 있는 공포와 두려움을 이 말씀은 계속 찾아낼 것입니다. 사람들이 이 말씀을 좋아한다는 것은 각자의 마음속에 어떤 형태로든지 두려움이 자리 잡고 있다는 사실을 반증하는 좋은 증거라고 생각합니다.

두려움이라는 단어를 조금 더 피부에 와 닿게 표현한다면, 공포증 혹은 공포심이라고 말할 수 있을 것입니다. 그러면 '두려움' 자체가 악한 것입니까? 꼭 그렇다고 대답할 수는 없습니다. 두려움은 인간이 느끼는 가장 기본적인 본능입니다. 어떤 학자는 두려움에 대해 정의하기를, "두려움이란 인체 내에 하나님이 설치해 놓으신 경보 장치"라고 했습니다. 참 좋은 표현입니다. 만약 두려움이라는 감정이 없으면 우리에게 닥치게 될 어떤 위험에 대해 예방하려는 생각을 전혀 하지 않을 것입니다. 두려움이 없으면 우리는 우리에게 주어진 건강을 유지하고 지키기 위해서 전혀 신경 쓰지 않을 것입니다. 아픔에 대한 두려운 마음은, 적어도 우리가 우리의 생명을 보존하고 관리하도록 돕습니다. 우리는 이 두려움이라는 감정 때문에 위기를 피하고자 노력하게 됩니다. 이런 두려움은 참으로 유익합니다.

우리는 평생 이 기본적인 두려움, 본능적인 공포심에서 완전히 탈피한다든가 자유로울 수 없습니다. 그런데 우리가 주의하면서 살아가도록 돕는 기본적인 두려움을 그대로 내버려 두면, 그 두려움의 깊은 곳에 있는 나쁜 성질 하나가 툭 하고 나와 버립니다. 그 성질은 폭군처럼 마음대로 사람을 부리면서 휘두르려고 하는 못된 성질의 공포심으로 우리를 몰아갑니다. 그렇기 때문에 약간의 두려움이나 공포감을 바로 제재하지 않고 방치해 두면 우리의 생명을 무력하게 만든다든지, 생활을 뒤틀리게 한다든지, 아니면 정서적으로 혼란을 겪게 한다든지, 삶의 질서를 파괴할 정도로 치명적인 독소가 됩니다.

그러므로 우리에게 가장 중요한 과제는 '두려움'이라고 하는 감정을 어떻게 적절하게 관리하고 선용하느냐 하는 것입니다. 더 나아가서 필요에 따라 불건전한 공포심을 어떻게 극복할 수 있느냐 하는 것입니다. 에머슨이라고 하는 유명한 사상가가 있습니다. 그는 두려운 감정들에 대한 생각을 이렇게 이야기했습니다. "날마다 주어진 공포심을 극복하지 못하는 사람은 인생의 교훈을 아직 덜 배웠다." 나에게 손해를 줄 수 있는 두려움이라는 불건전한 감정을 절제하고, 관리하고 극복하는 데에는 몇 가지 필요한 요건이 있습니다.

필요한 세 요건을 찾기 위해서 먼저 말씀의 핵심을 좀 더 선명하게 이해할 필요가 있습니다. 그 때문에 두려움에 대한 요점부터 정리하고 이야기를 시작하려고 합니다. 대부분의 사람들이 두려워하는 대상을 크게 세 가지로 나누어 보겠습니다.

첫째는 하나님, 둘째는 자기에게 언제 닥칠지 모를 불행한 사건, 즉 질병이나 죽음, 불의의 사고 혹은 실패 같은 불상사 등입니다. 마지막으로 셋째는 사람입니다. 누구나 이 세 가지에 대한 공포감을 가지고 있습니다. '나는 그런 것이 전혀 없다'라고 생각하는 사람은 아무도 없을 것입니다. 우리가 지금 주의를 기울이며 이 이야기에 관심을 갖고 있는 이유가 여기에 있습니다. 우리 모두 마음속에 두려움을 갖고 삽니다. 그러면 이 세 가지 두려움과 극복 방법에 대해 자세히 살펴봅시다.

두려움 1_ 하나님에 대한 두려움

첫째는 하나님에 대한 공포증입니다. 어쩌면 이 말에 의아해하는 사람들도 있을지 모르겠습니다. 그 사람 중에는 '마땅히 하나님을 두려워해야지'라는 생각에서 그럴 것입니다. 그렇습니다. 하나님은 우리가 경외해야 할 분입니다.

성경은 하나님을 두려워하는 것이 경건의 기초가 되고, 지혜의 근본이 된다고 했습니다. 또 시편 31편 19절에는 '하나님을 두려워하는 자를 위하여 쌓아 두신 은혜가 특별히 많다'고 했습니다. 그런데 앞에서 언급한 것은 건전하게 하나님을 경외하는 모습이 아니고, 하나님의 존재 자체에 대한 두려움을 이야기합니다.

성경에 등장하는 가장 좋은 예가 욥의 말입니다. 욥은 "하나님의 두려움이 나를 엄습하여 치는구나" 욥기 6:4 라고 했습니다. 하나님을 두려워하는 마음이 얼마나 심했으면, 마치 자기를 사정없이 때려눕히는 것 같은 위협을 느꼈다고 표현합니다. 이것은 참 비정상적인 일입니다.

예레미야도 "주는 내게 두려움이 되지 마옵소서 재앙의 날에 주는 나의 피난처시니이다" 예레미야 17:17 라고 하나님 앞에 호소합니다. "하나님이여, 하나님이 어찌 나에게 두려운 존재가 되십니까? 두려운 존재가 되지 마옵소서" 하는 하소연입니다.

이런 모습 모두 하나님에 대한 비정상적인 공포증입니다. 하나님은 우리에게 하나님을 두려워하는 종의 영이 아니라 하나님을 "아빠 아버지" 로마서 8:15 라 부를 수 있는 양자의 영, 아들의 영을 주셨습니다. 종은 눈치를 살피며 늘 두려운 마음으로 주인을 바라봅니다. 그러나 우리는 종의 영이 아닌, 언제 어디서든 자유롭게 하나님을 부르고 애정을 표현할 수 있는 아들의 영을 받았습니다. 그러므로 지나치게 하나님에 대한 공포증을 가질 필요는 없습니다.

모처럼 긴 연휴를 맞이해, 주일을 무시하고 가족들과 함께 여행을 다녀오고 싶어도 주일에 예배드리지 않고 놀러 가면 하나님이 우리 가정에 벌을 내리셔서 무슨 일이 생길까 봐 마지못해 예배당에 나오는 사람이 있습니다. 이런 사람은 하나님이 좋아서라기보다 겁이 나서 온 것입니다.

하나님을 향한 공포심이 바로 이것입니다. 내가 이렇게 저렇게 하지 않으면 하나님이 벌을 주시지 않을까 하는 걱정, 우리 가정에 우환이 들지 않을까 하는 이런 잡다한 불안이 바로 하나님에 대한 공포증입니다.

이것은 고쳐야 할 병입니다. 하나님 보시기에 떳떳하지 못한 생활, 즉 죄를 은근히 숨기고 생활하는 사람들의 마음에는 하나님에 대한 공포증이 늘 따라다닙니다. 독사 같은 그 공포증은 언제, 어디서든 머리를 쳐들고 우리를 공격할 수 있습니다.

인간의 시조인 아담과 하와를 주목해 봅시다. 하나님이 따 먹지 말라고 한 선악과에 하와가 손을 댔고, 그런 다음 남편에게도 주어 먹게 했습니다. 죄를 범하고 나서 생긴 감정은 수치감이었습니다. 서로 벌거벗은 것을 보고 당황해서 나뭇잎으로 몸을 가렸습니다.

한참 후에 하나님이 동산을 거니시는 소리가 들리자 이들에게 어떤 마음이 들었습니까? 바로 공포심입니다. 이전 같았으면 하나님이 오셨다고 반갑게 뛰어나갔을 아담과 하와가 하나님에 대한 공포증으로 나무 뒤에 숨어 버렸습니다. 죄를 짓고 하나님 앞에 숨어 사는 사람들, 죄를 끊지 못하는 사람들에게는 하나님을 두려워하는 공포증이 있습니다.

인간은 작은 죄 하나를 버리지 못하고, 그것에 계속 미련을 두고 범죄하기를 반복하고, 또 반복합니다. 그것은 어쩌면 현실적으로 눈에 보이는 이익을 가져다줄 수도 있습니다. 거짓말 몇 번 해서 얻는 유익도 있을 것입니다. 불건전한 생활로 자신의 탐심과 정욕을 채울 수도 있습니다. 어떤 경우에는 양심을 속여 가며, 어두운 방법으로 돈을 벌면서 그것을 생활 수단으로 삼는 경우도 있습니다.

그러나 그것으로 얻는 이득에 비해 은근한 두려움이 주는 피해가 얼마나 큰지 생각해 본 적이 있습니까? 떳떳하지 못한 생활 때문에 마음에는 항상 불안이 도사리고 있습니다. 그 때문에 하나님과 친밀한 관계가 막힌다면 그것은 우리에게 백해무익한 것입니다.

그러므로 깨끗한 생활을 해야 합니다. 지금 당장은 눈앞에 손해를 보더라도 마음에 거리낌이 될 짐이라면 과감히 던져 버려야 합니다. 살면서 조금 손해 보더라도 평안함으로 항상 하나님과 아름다운 교제를 나누기를 바랍니다. 하나님께로부터 오는 평안은 세상이 침범할 수 없습니다. 그것은 어떤 일이든

할 수 있는 안정감을 줍니다.

두려움 2_ 앞날에 대한 두려움

두 번째 두려움의 요인은 앞으로 나에게 어떤 불행한 일이 생길지도 모른다는 공포감입니다. 미래에 일어날지도 모르는 불행한 사건이나 불상사에 대해 우리가 갖는 두려움은 생각보다 훨씬 큽니다. 이 두려움을 극복할 수 있는 방법은 딱 한 가지, 바로 믿음입니다. '병이 생기지 않을까? 사고를 당하지 않을까? 실패하지 않을까? 내가 이것을 책임질 수 있을까?' 하는 모든 장래사에 관한 의문들과 부정적인 생각들은 믿음이 약한 데서 오는 것입니다.

믿음이 두려움을 치료하는 데 최상의 방법이라고 하는 것은 많은 심리학자와 과학자의 실험을 통해 여러 번 입증된 사실입니다. 그렇다고 해서 밑도 끝도 없는 믿음을 가지라는 말이 아닙니다. 믿음에는 반드시 내용이 있기 마련입니다. 믿음의 내용은 이사야 41장에서 선명하게 가르쳐 줍니다.

이사야서는 이사야가 장차 나타날 일에 대해 예언한 내용을 담고 있습니다. 이사야의 예언은 예언하던 당시부터 170여 년 후에 일어날 일을 미리 말씀하고 있습니다. 이 예언은 실제로 다 이루어졌습니다. 우리는 이미 이 예언이 이루어진 이후 세

대이기 때문에 역사를 통해서 그 사실을 쉽게 받아들일 수 있지만, 당시 사람들에게는 그렇게 간단한 문제가 아니었습니다. 이 예언은 예언이 선포된 시점에서 170년 후에 이스라엘 백성에게 일어날 사건이었습니다.

이스라엘 백성은 그 당시 바벨론의 포로로 40, 50년간 말로 다 표현할 수 없는 고난을 당하며 살고 있었습니다. 그러던 어느 날 전쟁이 일어났습니다. 고레스 장군이 일어나서 바벨론을 뒤집어엎은 것입니다. 하루아침에 정권이 무너지고 바벨론 제국이 망했습니다. 왕이 죽었습니다. 온 나라가 큰 혼란에 빠지고, 앞으로 어떻게 될지 모를 두려움과 불안에 떠는 상황이 벌어졌습니다.

쿠데타로 정부가 전복된다든지, 지도자가 갑자기 죽는다든지, 아니면 전쟁이 터져서 하루아침에 나라를 잃게 됐을 때, 국민이 당하는 심리적 불안과 공포는 상상할 수 없을 정도로 큽니다. 저는 실제로, 박정희 대통령이 20년가량 통치하다가 갑자기 세상을 떠나니까 안절부절못하며 불안에 떠는 사람들을 많이 보았습니다. 정치적인 변혁은 우리에게 강한 충격을 던질 수 있는 문제입니다.

이와 같은 변혁기에 이스라엘 백성은 포로였습니다. '포로'는 인격적인 대우나 법적인 보호를 전혀 받지 못합니다. 처절하고 보잘것없고 나약한 처지입니다. 이때 하나님은 이스라엘을 무엇이라고 부르십니까? "지렁이 같은 너 야곱아"이사야 41:14 개역한글라고 하셨습니다. 정말 지렁이 같은 신세입니다. 비 오는 날 길에서 기어다니다가 오가는 사람들의 발길에 차이는 것이 바로 지렁이 아닙니까? 바벨론 나라의 국민도 아니고 포로 신세가 이 판국에 무슨 가치가 있고 권리가 있겠습니까?

언제 어떻게 될지 모르는 두려움에 휩싸인 이스라엘 백성들에게 하나님께서는 이 두 가지를 꼭 믿으라고 가르쳐 주십니다. 하나는 이스라엘 백성이 하나님과 어떤 관계를 맺고 있는지 생각해 보고 그 관계를 철저하게 믿으라는 것입니다. 이스라엘 백성이 하나님과 어떤 관계를 맺고 있습니까? 하나님은 "나의 종 너 이스라엘아 내가 택한 야곱아 나의 벗 아브라함의 자손아"이사야 41:8 하고 이스라엘을 부르십니다.

이스라엘은 하나님 앞에서 종이자 벗입니다. 성경에서 이스라엘을 '하나님의 종'이라고 부르는 것은, 하나님이 마구 부리는 머슴이란 뜻이 아닙니다. '하나님의 종'이란 우주만물의 주인이신 하나님을 섬기고 그분을 위해 봉사하는 영광스러운 신분을 말합니다.

느헤미야는 바벨론 왕의 술관원이었습니다. 날마다 왕에게 술을 올리는 일은 왕의 생명과 직결되는 중요한 임무로 그 영광과 권세가 대단했습니다. 그렇다면 하나님을 받들고 수종을 드는 종의 위치는 얼마나 영광스러운 것이겠습니까? 하나님은 이와 같이 영광스럽고 자랑스러운 신분을 이스라엘 백성에게 주셨습니다.

또한 이스라엘 백성은 하나님으로부터 '벗'이라는 칭호를 받았습니다. 하나님은 아브라함을 '벗'이라고 불렀습니다. 흠 허물 없이, 비밀도 서로 털어놓을 수 있는 그런 관계가 친구입니다. 창세기 18장을 보면 하나님이 아브라함에게 나타나셔서 "내가 하려는 것을 아브라함에게 숨기겠느냐" 창세기 18:17 라고 말씀하셨습니다. 하나님과 아브라함 사이에는 비밀이 없다는 것입니다. 이스라엘 백성은 하나님과 깊은 영적 관계를 맺고 있어서 하나님의 비밀과 하나님의 뜻을 어느 민족보다 먼저 알 수 있고 깨달을 수 있는 하나님의 벗으로 부름받았습니다.

또 이스라엘 백성은 어떤 사람들입니까? "땅 끝에서부터 너(이스라엘)를 붙들며 땅 모퉁이에서부터 너를 부르고…너를 택하(여)" 이사야 41:9 하나님 앞에 특별한 백성이 되었다고 했습니다. 장차 어떤 일이 벌어질지 모르는 정치적인 변혁기에 목숨조차 어떻게 될지 전혀 알 수 없는 불안한 상황에서 하나님은 이스라엘 백성들에게 '너희들의 정체성을 믿으라'고 철저하게 권면합니다. 이 내용은 우리에게도 대단히 중요한 교훈입니다. 우리는 '내가 누구인가'를 반드시 생각해야 하고, 답을 가지고 있어야 합니다. 예수님 때문에 내가 어떤 신분이 되었는지를 다시 한 번 깊이 생각해 보시기 바랍니다.

우리는 하나님의 자녀입니다. 부모가 자기 자녀가 어려울 때 가만히 있겠습니까? 내버려 두지도, 가만히 있지도 않을 것입니다. 우리가 하나님의 자녀이기 때문에 하나님이 반드시 우리를 위해 하시는 일이 있습니다. 그러므로 하나님의 자녀라는 신분, 그의 백성이라는 신분을 한 시도 잊지 마십시오.

그래야 쓸데없는 두려움과 불안에 부들부들 떨지 않습니다. 설사 내 옆에 있는 사람이 어떤 사고를 당하고, 내가 알고 있는 사람이 어떤 병으로 죽어도 그것 때문에 내가 부들부들 떨 필요가 없습니다. 하나님의 자녀라는 사실은 나의 머리카락까지도, 내 코의 호흡까지도, 내 마음의 생각까지도 일일이 간섭하실 만큼 하나님께 특별한 존재가 되었다는 것입니다.

언젠가 우리 교회 '새생명잔치'에 강사로 오신 분이 이런 이야기를 했습니다. 비행기를 타면 기내를 쭉 둘러보고는 '오늘 여기 탄 사람들 다 나 때문에 안전한 줄 알아라'고 혼잣말을 한답니다. 이상하게 그 이야기를 듣고 난 뒤부터 저도 비행기를 탈 때마다 그분처럼 생각하는 버릇이 생겼습니다.

좀 유치한 이야기처럼 들리기는 하지만 여기서도 한 가지 배울 것이 있습니다. 그분의 말은 '나는 하나님의 자녀다. 하나님의 자녀인 내가 비행기를 탔는데 하나님이 가만히 계실 리가 없지. 끝까지 안전하게 지켜 주실 테니까 함께 탄 너희들도 다 안전할 것 아니냐' 하는 이야기입니다. 대단한 배짱이 아닐 수 없습니다. 자기 신분에 대한 확신이 없으면 감히 이런 말을 할 수 없습니다.

약속을 붙잡으라

우리는 하나님의 약속을 믿어야 합니다. 이사야 41장에서 하나님은 "두려워하지 말라…놀라지 말라"고 하시며 "내가 너와 함께함이라" "나는 네 하나님이 됨이라"는 두 가지 이유를 알려 주십니다. 하나님의 존재 자체만으로도 모든 두려움에서 벗어날 근거가 된다는 것입니다. 하나님께서 내 뒤에 가만히 계시기만 해도 두려워할 이유가 전혀 없는데 하나님은 여기서 멈추지 않고 행동까지 약속하십니다. "굳세게 해주겠다", "도와주겠다", "붙들어 주겠다". 내가 움직이기 전에 하나님이 먼저 우리를 위해 움직이신다는 사실입니다. 위험과 어려움이 내 앞에 있으면 내가 먼저 어떤 일을 하기 전에 하나님께서 이미 움직이고 계신다는 것을 믿으십시오.

그런데 이 본문을 보면 상당히 흥미로운 점이 있습니다. 하나님은 어떤 공포나 두려움을 당하고 있는 우리를 공포의 사건이나 상황, 두려움을 주는 대상으로부터 멀리 옮겨 주겠다고 하시지 않습니다. "붙들어 주겠다"고 하십니다. 두렵고 무서운 어떤 환경에서든지 "굳세게 해주겠다. 도와주겠다. 붙들어 주겠다"고 말씀하십니다.

　아무리 예수를 잘 믿는 사람이라도 인생은 험난한 파도가 쉴 새 없이 몰아치는 무서운 바다와 같습니다. 우리는 이 파도를 피할 수 없습니다. 아무리 예수를 잘 믿어도 하나님이 우리의 생명을 거두어 가시기 전까지는 이 바다에서 파도와 맞서 싸워야 합니다. 우리 앞에는 언제든 무서운 일들이 벌어질 수 있고, 그래서 한시도 그 공포에서 헤어나지 못해 불안해할 수도 있습니다. 이런 환경 속에서 사는 우리에게 하나님은 분명히 함께 하시겠다고 약속하셨을 뿐만 아니라, 반드시 우리를 위해 움직이신다고 하셨습니다. 붙들어 주시고, 힘을 공급해 주시고, 도움이 필요할 때는 오른팔로 강하게 붙들어 주신다고 말입니다. 그 약속을 붙잡읍시다.

두려움 3_ 사람에 대한 두려움

마지막으로, 사람에게 두려움을 느낄 때 우리는 사랑해야 합니다. 신약성경에 이런 유명한 말이 있습니다. "사랑 안에 두려움이 없고 온전한 사랑이 두려움을 내쫓나니." 요한일서 4:18
　사람에 대한 두려움에 대해 말하면, "사람이 뭐가 두려워?"라고 하실지 모르겠습니다. 하지만 우리 가운데 한 사람도 예외 없이 사람을 두려워하는 마음을 가지고 있습니다. 나보다 힘 있는 사람을 두려워하는 마음이 없습니까? 나보다 월등히 잘난 사람을 보고 경계하는 두려움이 없습니까? 나와 경쟁관계에 서 있는 사람을 은근히 두려워하지 않습니까? 나를 바짝 추격해 오는 사람을 두려워하지 않습니까? 나를 미워하는 사람을 두려워하지 않습니까? 사회적으로 높은 위치에 있는 사람일수록, 무언가 성취했다고 자부하는 사람일수록 가슴속에 '인간 공포증'이 자리 잡고 있습니다.

그 좋은 예로 구약성경의 사울 왕을 들 수 있습니다. 사울은 이스라엘의 첫 번째 왕이라는 영광을 얻은 사람입니다. 사울은 모든 권력을 휘두르고 모든 권세를 누릴 수 있는 자리에 앉았습니다. 하지만 채 스무 살도 안 된 어린 다윗 때문에 곤혹을 치른 사람이기도 합니다. 적장 골리앗을 죽인 다윗은 이스라엘의 영웅이 되었습니다. 백성들은 다윗이 지혜롭게 행하는 것을 보고 그를 흠모했습니다.

많은 사람들에게 다윗이 사랑받는 것을 본 사울 왕의 마음은 어떠했을까요? 그 마음에 질투가 일어났습니다. 성경은 심리학적으로도 매우 예리하고 정확한 책입니다. 질투의 감정이 다음 단계에서 어떤 감정으로 발전하는 줄 아십니까? 바로 두려움이라는 감정입니다.

사무엘상 18장을 보면 사울이 다윗을 질투하다가 드디어 다윗을 두려워하게 되는 이야기가 반복해서 나옵니다. "여호와께서 사울을 떠나 다윗과 함께 계시므로 사울이 그를 두려워한 지라."12절 "사울은 다윗이 크게 지혜롭게 행함을 보고 그를 두려워하였으나."15절 "사울이 다윗을 더욱더욱 두려워하여 평생에 다윗의 대적이 되니라."29절

질투의 대상은 공포의 대상으로 변합니다. 나도 모르게 사람을 두려워하는 감정에 휩쓸리게 될 때, 이 무서운 올무에서 벗어날 길은 그 사람을 사랑하는 것입니다. 하나님은 그렇게 말씀하십니다. "사랑하라." 만약 사울이 자신의 아들 요나단처럼 다윗을 사랑했다면, 사울은 스스로 비극의 함정을 파는 불행을 겪지는 않았을 것입니다.

여기서 말하는 '사랑'은 적당히 혹은 감정적으로 사랑하는 것이 아닙니다. 온유한 사랑입니다. 투기하지 않는 사랑입니다. 자랑하지 않는 사랑입니다. 교만하지 않는 사랑입니다. 자기의 유익을 구하지 않는 사랑입니다. 악한 것을 생각지 않는 사랑입니다. 이런 사랑으로 감싸 안으면 그 대상에 대한 두려움이 깨끗이 사라집니다. 하나님의 말씀은 참으로 옳습니다.

살다 보면 공포가 우리의 인격을 해하고, 두려움이 우리의 정서를 혼란하게 하고, 우리 삶을 비틀거리게 만드는 일들이 일어날 수 있습니다. 하지만 깨끗한 생활과 하나님의 약속을 믿는 믿음, 그리고 사람을 사랑하는 마음이 있다면 우리는 주의 평안 가운데 거할 수 있습니다.

❋ ❋ ❋
사랑 안에 두려움이 없고 온전한 사랑이 두려움을 내쫓나니
_요한일서 4:18

05 » 안아 주심

누군가에게 안긴다는 것은 머리로 아는 데서 그치는 메마른 행위가 아닙니다. 사랑에 빠진 남녀가 서로 포옹을 한 후 집에 돌아와서 아직도 안겨 있는 듯, 흥분 속에서 깨어나지 못하는 것은 쉽게 이해할 수 있는 감정입니다. 그러나 우리가 한 번도 보지 못한 하나님의 품에 안겨 있다는 것은 머리만 가지고 되는 일이 아닙니다. 안긴다는 것은 온몸으로 느끼고 경험하는 행위입니다. 아무리 영적인 부분이라도 그것은 나의 전인격을 흥분시킬 수 있는 문제요, 내 전인격이 느끼고 확인할 수 있는 행위이지 막연히 머리로만 생각하는 것이 아닙니다.

내가 너희에게 말하기를
그들을 무서워하지 말라 두려워하지 말라
너희보다 먼저 가시는 너희의 하나님 여호와께서
애굽에서 너희를 위하여
너희 목전에서 모든 일을 행하신 것같이
이제도 너희를 위하여 싸우실 것이며
광야에서도 너희가 당하였거니와
사람이 자기의 아들을 안는 것같이
너희의 하나님 여호와께서 너희가 걸어온 길에서
너희를 안으사 이 곳까지 이르게 하셨느니라 하나
이 일에 너희가 너희의 하나님 여호와를
믿지 아니하였도다
그는 너희보다 먼저 그 길을 가시며
장막 칠 곳을 찾으시고
밤에는 불로, 낮에는 구름으로
너희가 갈 길을 지시하신 자이시니라

_ 신명기 1:29-33

크고 두려운 광야

여러 달 전에 저는 신명기 1장 말씀을 읽다가 그날따라 유난히 제 마음을 사로잡는 말씀 한 구절을 발견했습니다.

> 광야에서도 너희가 당하였거니와 사람이 자기의 아들을 안는 것같이 너희의 하나님 여호와께서 너희가 걸어온 길에서 너희를 안으사 이곳까지 이르게 하셨느니라 _신명기 1:31

이 말씀을 가지고 한동안 깊이 묵상했습니다. 하나님이 이스라엘 백성을 안으셨는데, 마치 아비가 자식을 안는 것같이 안으셨다는 말씀이 바로 눈앞에 있는 커다랗고 선명한 글자처럼 제 마음에 확 들어와 닿았습니다. 자연히 그 말씀은 여느 때 읽던 말씀으로 보이지 않았습니다. 어쩌면 다들 무서워하는 병으로 수술을 받고, 투병생활을 하고 있었기 때문에 이 말씀이 더 민감하게 와 닿았을지도 모릅니다.

'그래, 내가 큰 수술을 하는 가운데에도 나는 하나님 아버지 품안에 안겨 있었어. 지금도 나는 하나님 품에 안겨 있는 사람이야' 하고 들리는 마음의 음성은 어느 때보다도 저를 더욱 강하게 사로잡았습니다. 밤낮없이 저를 안고 계시는 하나님 아버지를 깊이 묵상하게 해주었습니다.

이 말씀은 이스라엘 백성이 애굽에서 노예로 살다가 해방되고, 시내 산 광야로 들어와서 첫 1년간의 생활을 회고하면서 모세가 하는 말입니다. 이스라엘 백성은 1년 동안 광야생활을 했습니다. 그들이 통과한 광야는 사람이 발을 들여놓아서는 안 되는 죽음의 계곡이었습니다. 모세는 이곳을 "그 크고 두려운 광야"신명기 1:19라고 표현합니다. 이것은 그들이 지나온 광야에 많은 위험과 어마어마한 공포가 도사리고 있었음을 뜻합니다. 자연히 그 광야에 들어선 이스라엘 백성들은 필설로 형언하기 어려운 고생을 많이 했습니다.

출애굽기 15장을 보면 물을 구하지 못해 모세에게 원망하는 이스라엘 백성을 봅니다. 다음 장으로 넘어가면 며칠을 굶었는지 모르지만, 배가 고파 못 살겠다고 아우성치는 모습이 보입니다. 그 다음 장으로 넘어가면 마실 물이 전혀 없어 어린아이들도 물을 달라고 엉엉 웁니다. 짐승들은 픽픽 쓰러집니다. 이스라엘 백성들은 이성을 잃고 맙니다. 나중에는 모세를 향해 돌을 던질 것 같은 정말 기막힌 상황이 벌어집니다.

그뿐이 아니었습니다. 그들은 며칠에 한 번씩 천막을 쳤다 걷었다 하는 불안정한 생활을 해야 했습니다. 언제 끝날지 모르는 여행의 연속이었기 때문입니다. 식단도 매우 단조로웠습니다. 만나로 만든 음식이 전부였으니까요. 한마디로 그들이 경험한 광야생활은 고달픈 나날이었습니다. 모두가 신경이 날카로워져서 그들 안에서도 분쟁이 그치질 않았습니다. 늘 불안하고 지루하고 힘들고 짜증스러웠습니다.

이스라엘 백성의 눈에는 광야생활이 하나님 품에 안겨서 걸어가는 삶이 아니었습니다. 죽지 못해 끌려가는 삶이었습니다. 하루하루가 고되었습니다. 이러니 모세가 "너희는 지난 1년 동안 하나님 아버지 품에 안겨서 이 광야를 지나왔다"고 해도 믿지 않았습니다. "이 일에 너희가 너희의 하나님 여호와를 믿지 아니하였도다." 신명기 1:32 그들은 모세가 과장된 소리를 하는 것으로, 거짓말하는 것으로 받아들였습니다.

그렇다면 어떻게 모세는 이처럼 험난한 광야생활을 놓고 백성들과 전혀 다른 시각을 가질 수 있었을까요? 모세가 혼자만 구름을 타고 다닌 건 아니지 않습니까? 백성들과 똑같이 고생하면서 광야생활을 했습니다. 어쩌면 백성들보다 더 무거운 짐을 지고 걸어간다고 할 수 있습니다. 80세가 넘은 고령에, 광야에서 수백만 명의 생사를 책임져야 하는 지도자의 자리는 피를 말리는 위치였을 것입니다.

그럼에도 불구하고 그에게는 다른 점이 있었습니다. 광야 여정을 고난의 통로로 보지 않고 하나님의 품에 안겨서 걷는 은혜의 통로로 봤다는 것입니다. 상황을 보는 시각이 달랐습니다. 백성들은 숨 막히는 환경만 쳐다보며 절망했습니다. 그러나 모세는 전능하시고 자비로우신 하나님 아버지를 향해 눈을 고정했습니다. 이스라엘 백성들은 아래의 것, 곧 눈앞의 현실을 쳐다보고 있는 반면, 모세는 위의 것, 곧 하나님의 약속을 쳐다보았습니다. 이스라엘 백성들과 모세의 차이는 여기에 있었습니다.

너희를 품에 안으사

모세는 광야의 여정을 돌이켜 볼 때 안아 주시는 아버지의 품, 안아 주시는 아버지의 은혜라는 말을 빼놓고는 지난 1년을 도무지 설명할 수 없었습니다. "너희를 안으사 이곳까지 이르게 하셨느니라"신명기 1:31는 말씀을 중심으로 앞뒤 구절을 살펴보면, 모세는 세 가지 중요한 사실을 지적하고 있습니다.

첫째는 "이제도 너희를 위하여 싸우실 것이며"신명기 1:30하라고 합니다. 이스라엘 백성을 품에 안고 지금까지 광야를 걸어오면서 그들을 대신해서 싸우신 하나님 아버지라는 것입니다. 이는 하나님께서 광야의 위험에서 백성들을 보호해 주셨다는 말입니다. 아말렉이 공격해 올 때 그 전투에서 생명을 지켜 주셨고, 광야에서 마주치는 사나운 들짐승들의 공격에도 해를 당하지 않도록 보호해 주셨습니다.

둘째로 "이곳까지 이르게 하셨느니라"신명기 1:31하는 모세의 고백에는 광야생활에 필요한 모든 것을 공급해 주신 하나님에 대한 감격이 들어 있습니다. 배고플 때 만나를 주셨고, 목이 타들어 갈 때에 반석에서 나온 생수를 마시게 하셨습니다. 고기가 먹고 싶다고 하면 고기를 주셨고, 오랜 여정 가운데서도 발이 부르트지 않도록 하셨습니다.

셋째로는 앞길이 보이지 않을 때 "너희가 갈 길을 지시하신 자"^{신명기 1:33}가 되셔서 광야의 여정을 인도하셨습니다. 광야에는 길이 없습니다. 동서남북을 분간하기도 막막하고 어려운 곳이 바로 광야입니다. 하나님은 그곳에서 불기둥과 구름기둥으로 이스라엘 백성의 길을 열어 주셨습니다. 친히 그 여정을 진두지휘하셨습니다.

이런 사실들을 묵상한 모세에게 있어 하나님은 광야 길 가운데 자기 백성을 품에 안으시고 자상한 아버지로서 백성들을 보호해 주시고 공급해 주시고 인도해 주시는 분이었던 것입니다. 이런 사실들이 모세가 백성들의 어떤 말에도 흔들리지 않고, 하나님을 신뢰할 수 있었던 믿음의 근간이 되었습니다. 이러한 이유들로 모세는 이후의 평생을 하나님은 자비로우신 아버지로 생각하고, 신뢰하고 사랑했습니다. 그는 광야생활을 하나님의 품에 안겨 있는 삶으로 생각했습니다.

그렇게 39년이 흘렀습니다. 신명기 32장은 모세가 죽음을 앞두고 마지막 설교를 하는 장으로 "그는 네 아버지시요"^{신명기 32:6}라고 다시금 하나님의 아버지 되심을 강조합니다. 구약성경에서 하나님을 '아버지'라고 제일 먼저 부른 사람이 바로 모세입니다. 모세는 하나님을 자비로운 아버지로 보았습니다. 그래서 숨이 끊어지기 전에도 백성들에게 "하나님은 너의 아버지가 아니시냐?" 하고 질문할 수 있었습니다.

그는 임종을 앞두고도 "영원하신 하나님이 네 처소가 되시니 그의 영원하신 팔이 네 아래에 있도다" 신명기 33:27라고 말했습니다. 이 말을 현대 말로 바꾸면 "하나님의 영원하신 팔이 너를 끌어안고, 품고 계신다. 그러므로 하나님이야말로 너의 고향이요, 너의 품이요, 너의 안식처가 되신다"라는 이야기입니다.

모세는 이 믿음에 변함이 없었습니다. 광야생활을 1년 한 뒤에나, 40년 한 뒤에나 모세에게 하나님은 '나의 자비로우신 아버지', '내가 기대고 안길 수 있는 따뜻한 품을 가지신 분'이란 생각과 믿음이 떠나질 않았습니다. 광야생활을 보는 모세의 눈은 백성이 보는 눈과는 달랐습니다.

모세와 같은 영적인 눈을 뜨고 하나님을 아버지로, 우리는 그의 품에 안긴 사랑받는 자녀로 고백할 수 있어야 하지 않을까요? 왜냐하면 지금 우리는 이스라엘 백성들이 통과했던 시내 산 광야보다 더 크고 무서운 세상에 살고 있기 때문입니다. 이 세상의 삶은 온갖 위험이 도사리고 있는, 한치 앞을 예측할 수 없는 미지의 길입니다. 하지만 우리는 천국에 들어가기까지

이 세상을 걷고 또 걸어야 하는 나그네입니다. 그 길에는 눈물과 땀이 서려 있습니다. 지루하고 고독한 이 길이 바로 인생길입니다.

옥스퍼드 대학의 맥그래스 교수가 쓴 『내 평생에 가는 길』The Journey 이란 책에서 인생을 묘사한 한 구절이 참으로 제 마음에 와 닿습니다.

짧고 상쾌한 산책일 줄 알았던 것이 미처 제대로 준비되지 않은 마라톤으로 바뀐다.

어린 시절, 철이 없을 때는 인생이 부모의 사랑을 듬뿍 받으며 걷는 산책처럼 느껴집니다. 그러나 좀 더 걷다 보면 미처 준비가 안 된 채 달려야 하는 마라톤이 되어 버립니다. 이 마라톤을 달리면서 얼마나 많은 사람이 지쳐 쓰러지는지요, 얼마나 많은 사람이 탈락하는지요, 얼마나 많은 사람이 절망에 빠지는지요. 이것이 우리가 가는 인생길입니다.

내 아버지 되신 하나님

이런 광야 길을 달리는 우리가 모세의 눈을 가지고 하나님을 본다면 얼마나 좋겠습니까? 태산을 넘고 험한 계곡을 지날지라도 하나님 품에 안겨 걷는다면, 우리는 빛 가운데로 걸어가는 나그네로서 한 평생을 살 수 있다고 믿습니다.

사실 우리는 구약시대에 살던 모세보다 엄청난 복을 누리는 사람들입니다. 율법의 시대에 그렇게 위대했던 모세도 은혜의 시대에는 작은 사람에 지나지 않기 때문입니다. 왜냐하면 '하나님이 우리를 사랑하는 아버지가 되신다'는 사실을 모세가 안 것보다 우리가 더 자세하게 알고 있고, 더 분명하게 알고 있기 때문입니다.

예수님께서 이 세상에 오셔서 우리에게 해주신 일이 무엇입니까? 그가 우리를 위해서 해주신 큰 일 가운데 하나는 하나님이 아버지이신 것을 가르쳐 주신 일입니다. 또 하나님이 어떤 분이신지를 몸소 보여 주셨습니다. "나를 본 자는 아버지를 보았거늘." 요한복음 14:9 그러므로 우리가 하나님 아버지를 보고 싶다면 4복음서를 펴놓고 예수님이 행하신 일과 말씀하신 것을 묵상하면 됩니다. 이렇게 하면 하나님을 아버지로 느끼는 것은 조금도 어렵지 않습니다.

예수님은 세상에 오셔서 하나님이 어떤 분이신지를 자신의 삶으로 보여 주셨습니다. 하나님은 가난하고 병든 자를 가까이 하시는 자비로운 아버지십니다. 죄인을 가까이 하시고, 용서하시고 품어 주시는 아버지십니다. 좋은 것을 우리에게 주시는 아버지십니다.

"너희가 악한 자라도 좋은 것으로 자식에게 줄 줄 알거든 하물며 하늘에 계신 너희 아버지께서 구하는 자에게 좋은 것으로 주시지 않겠느냐." 마태복음 7:11 여기에서 하나님을 누구라고 합니까? 우리의 '아버지'라고 합니다. 이것을 우리에게 가르쳐 주신 분이 누구십니까? 바로 예수님입니다. 예수님 이전 시대에 살았던 모세는 이런 가르침을 받지 못했습니다. 그러나 우리는 분명히 알 수 있지 않습니까?

예수님은 세상에 계신 동안 날마다 하나님을 향해서 "아빠, 아버지" 하고 부르며 사셨습니다. 요한복음 17장에는 예수님이 세상을 떠나시기 직전에 제자들에게 고별사를 하시고, 제자들을 위해 기도해 주신 내용이 들어 있습니다. 여기서 예수님은 하나님을 서른아홉 번이나 "아버지"라고 불렀습니다. 우리는 이런 예수님의 모습을 통해서 하나님이 나의 아버지 되시는 것을 깊이 배우게 됩니다.

또 "영접하는 자 곧 그 이름을 믿는 자들에게는 하나님의 자녀가 되는 권세를 주셨으니" 요한복음 1:12 라고 하십니다. 이는 곧, 하나님이 우리 아버지가 되는 '자녀의 권세'를 주셨다는 말씀입니다. 우리는 예수님을 믿자마자 하나님을 아버지라 부르는 사람이 되었습니다.

사실 우리의 본능만 가지고는 보이지 않는 하나님을 '아버지'라고 부르기 어렵지 않습니까? 하나님을 생각하면 두려운 생각부터 앞서지 않습니까? 이스라엘 백성의 심정과 똑같을 것입니다. 하지만 하나님은 우리의 이런 두려움을 제거해 주시기 위해 성령님을 보내 주셨습니다. 그가 우리 안에 거하셔서 시도 때도 없이 하나님을 "아빠, 아버지"라고 부르도록 도우십니다. 예수님이 세상에 계실 때 하신 것처럼, 우리도 그렇게 하도록 성령님이 우리 영을 감동하고 계십니다.

"너희는 다시 무서워하는 종의 영을 받지 아니하고 양자의 영을 받았으므로 우리가 아빠 아버지라고 부르짖느니라" 로마서 8:15 고 말씀하셨습니다. 우리가 받은 은혜가 얼마나 큰지요! 우리 중에는 하나님이 아버지라는 사실을 모르는 사람도 없고 하나님을 아버지라 부르기를 주저하는 사람도 없습니다.

사도신경으로 신앙을 고백할 때 제일 먼저 나오는 고백이 무엇입니까? "전능하사 천지를 만드신 하나님 아버지를 내가 믿사오며." 저는 매일 이 고백을 하면서 가끔 이렇게 말을 바꿔 봅니다. "전능하사 천지를 만드신 분이 하나님이신 줄 믿사오며, 그 하나님이 내 아버지 되심을 믿습니다."

주기도문을 암송할 때도 "하늘에 계신 우리 아버지시여" 하고 가만히 되뇌어 봅니다. 이 얼마나 마음을 포근하게 하는 말입니까? 온 천지 만물 위에 높이 좌정해 계신 하나님, 온 우주를 소유하고 계시는 그 하나님이 나의 아버지 되십니다. 날마다 이렇게 선포하면서 살아갑니다.

아버지의 품

우리는 자신에게 정말 진지하게 물어 봐야 할 질문이 하나 있습니다. 하나님을 '나의 아버지'로 믿는다고 입술로 고백하지만, 이 무서운 세상에서 나를 안고 걸어가시는 아버지라는 사실이 정말로 믿어지느냐는 것입니다. 하나님의 그 품을 얼마나 알고 있습니까? 그 품에서 무엇을 느끼고 있습니까? 평안이 있는지, 찬송이 있는지, 내가 그 품을 알고 있기 때문에 가족과 이웃에게 어떤 말을 하는지, 믿지 않는 사람과 구별되어 생활하고 있는지를 스스로에게 물어 보십시오.

이것은 현실적인 문제입니다. 고개만 끄덕여서 될 문제가 아닙니다. 예배를 마치고 세상에 나가면 당장 부딪힐 문제입니다. 아무리 입으로 하나님 아버지를 불러도 하나님 아버지 품에 안겨 있다는 사실이 믿어지지 않는다면, 안아 주시는 은혜가 무엇인지 잘 모른다면, 그래서 나의 생각과 감정과 행동에 아무런 변화가 없다면 그 사람은 빈껍데기 그리스도인입니다.

누군가에게 안긴다는 것은 머리로 아는 데서 그치는 메마른 행위가 아닙니다. 사랑에 빠진 남녀가 서로 포옹을 한 후 집에 돌아와서 아직도 안겨 있는 듯, 흥분 속에서 깨어나지 못하는 것은 쉽게 이해할 수 있는 감정입니다. 그러나 우리가 한 번도 보지 못한 하나님의 품에 안겨 있다는 것은 머리만 가지고 되는 일이 아닙니다. 안긴다는 것은 온몸으로 느끼고 경험하는 행위입니다. 아무리 영적인 부분이라도 그것은 나의 전(全)인격을 흥분시킬 수 있는 문제요, 나의 전(全)인격이 느끼고 확인할 수 있는 행위이지 막연히 머리로만 생각하는 것이 아닙니다.

오프라 윈프리라는 이름을 한번쯤은 들어 보셨을 것입니다. 그 사람의 영향력은 엄청납니다. 그녀는 미국에서 가장 탁월한 텔레비전 토크쇼 진행자이자 2004년 UN이 선정한 '올해의 세계지도자상'을 받은 흑인여성입니다. 그녀는 어린 시절을 참 비참하게 보냈습니다. 토크쇼를 하면서 자기의 과거를 한번씩 이야기할 때가 있는데, 부모의 이혼으로 오갈 데 없어 이곳저곳 전전하며 남의 신세를 질 수밖에 없었다고 합니다.

그 당시를 돌아보며 그녀는 이런 말을 합니다. "나는 아버지가 나를 안아 주신 경험이 단 한 번도 없다. 한 번도 내 아버지는 나를 안아 주신 일이 없다. 내 어머니에게서 사랑한다는 말을 들어 본 적도 한 번도 없다." 그것이 너무나 상처가 되어 지금도 부모를 생각하면 가슴에서 찬바람이 이는 것입니다.

한 번도 안아 준 경험이 없는 아버지를 어떻게 따뜻하게 여길 수 있습니까? 한 번도 사랑한다는 말을 해주지 않은 엄마를 어떻게 엄마라고 느낄 수 있겠습니까? 우리 중에도 입으로는 하나님을 아버지라고 말하지만 정작 가슴은 싸늘하게 식어 있는 사람이 적지 않을 것입니다. 이것은 참 불행한 이야기입니다.

하나님은 그런 우리를 치유해 주기를 원하십니다. 성령님은 우리를 그런 메마른 신앙생활에서 벗어나도록 인도하십니다.

학자들은 많은 연구를 통해, 사랑하는 사람에게 안기거나 아이가 엄마에게 안기는 경험이 정서적으로나 신체적으로 좋은 반응을 일으킨다는 사실을 밝혔습니다. 몇 년 전 미국의 정신신체학회에서 이런 말을 했습니다. "안아 주면 건강해진다." 사람은 안기면 건강해진다는 것입니다. 안기는 느낌을 자주 맛보는 아이는 건강하게 자랍니다. 피부가 닿고, 신체를 접촉하는 것이 몸을 편안하게 해주고 스트레스를 줄여 줍니다. 그만큼 안긴다는 것은 실제적인 일입니다.

이것이 어찌 육신에만 해당하는 이야기겠습니까? 우리의 영혼에도 그대로 해당되는 원리입니다. 누가 속사람이 건강할 수 있습니까? 누가 험한 세상에서 마음의 평안을 가지고 살 수 있습니까? 누가 이 혼잡한 세상에서 스트레스로부터 자유로울 수 있습니까? 누가 두려워하지 않고 당당하게 문제를 극복할 수 있습니까? 바로 하나님 아버지의 안아 주심을 실제로 느끼고 체험한 사람입니다.

어떻게 하면 하나님을 나를 안아 주시는 아버지로 경험할 수 있을까요? 어떻게 하면 내가 하나님 품에 안겨 있다는 것을 느낄 수 있을까요? 바로 하나님이 나를 안아 주고 계시는 아버지라는 강한 확신을 갖는 것입니다. 모세처럼, 아무도 흔들 수 없을 만큼 내 마음에 그 믿음이 꽉 차 있다면 나는 하나님 품에 안겨 있는 사람입니다. 그런 강한 확신이 들면 평안과 기쁨이 솟아납니다. 이상하게 세상이 두렵지가 않습니다. 문제가 눈앞에 버티고 있는데도 걱정이 안 됩니다. '나는 하나님 품에 있는 사람이야, 하나님이 알아서 인도하실 거야.' 이런 생각으로 마음이 편안해지는 것입니다.

하나님을 "아버지" 하고 부르면 나도 모르게 마음 깊은 곳에서부터 촉촉이 젖어드는 행복이 있습니다. 바로 안겨 있는 사람의 모습입니다. 지금 나에게 이런 감정이 있고, 이런 감동이 있고, 이런 은혜가 있는지 스스로 한번 물어보시기 바랍니다.

아버지 되심을 묵상하라

하나님이 나를 안아 주시는 은혜를 매일 누리며 살기 위해서는 적어도 두 가지는 실천해야 됩니다. 첫째는 '하나님이 아버지가 되신다'는 말씀을 찾아서 자주 묵상해야 합니다. 이런 말씀은 구약성경보다 신약성경에 훨씬 많이 있습니다. 중요한 것은 말씀을 '묵상'한다는 것입니다. 읽고 그냥 덮어 버리는 게 아니라 혹은 몇 장 읽고 끝내는 것이 아니라 마치 입에 음식을 넣고 씹듯이 읽은 본문을 묵상하는 것입니다.

시편 1장을 보면 누가 '복 있는 사람'이라고 합니까? 누가

'물가에 심긴 나무처럼 형통한 사람'이라고 합니까? 하나님의 율법, 하나님의 말씀을 즐거워하여 주야로 묵상하는 사람입니다. 마지못해 한 장 읽는 사람이라고 하지 않았습니다. 말씀이 좋아서, 즐거워서 읽다가 보면 빨리 덮지를 못하고 마음에 담고 자꾸 되새김질하고 기도하고 찬송하고 고백하게 됩니다. 이런 사람이 복 있는 사람입니다.

신명기 1장을 놓고 묵상해 봅시다. 모세는 험악한 광야생활에서도 하나님을 아버지로 신뢰하고, 고생스러운 광야의 삶을 하나님 품에 안겨 있는 삶으로 보았습니다. 묵상이란, 나도 모세처럼 해보고 싶어서, 모세처럼 되고 싶어서 선택하는 방식입니다. 모세는 광야에서 하나님의 안아 주심을 체험했습니다. 나도 그런 은혜를 받고 싶어서 말씀 앞에 의도적으로 마음을 여는 노력이 바로 묵상입니다. 말씀 속에 있는 모세의 자리에 나를 갖다 놓고, 생각하고 고백하고 기도하는 것입니다.

이런 묵상을 통해서 오늘의 모세가 되는 것입니다. 모세처럼 느껴 보고, 모세처럼 행복한 사람이 되어 봅니다.

'그때 내가 시내 산 광야에 있었다면 어떻게 했을까? 목이 마르다는 백성들에게 모세처럼 반응했을까? 모세는 어떻게 백성들과 다를 수 있었을까? 백성들은 문제만 보고 아우성을 쳤지만, 모세는 하나님을 신실하신 아버지로 보았으니 나도 그렇게 해야지!'

이렇게 각자의 현실에 적용해 볼 수도 있습니다.

'내 몸이 아파도 나는 하나님 품에 안겨 있는 사람이야. 가난해도 나는 하나님 품에 안겨 있는 사람이야. 비록 직장을 구하지 못하고 눈앞이 캄캄하다 해도 나는 하나님 품에 안겨서 광야를 지나가는 중이야. 나는 모세야. 하나님이 모세를 한평생 지키시고 광야생활에 승리하게 하신 것처럼 내 인생도 승리하게 해주실 거야. 내 영혼아 담대하라. 너는 하나님의 품에 있는 사랑받는 자녀야. 두려워하지 말고 오늘도 하나님 아버지를 바라보고 힘차게 발걸음을 내딛자. 그게 사는 길이야. 그게 하나님이 기뻐하시는 삶이야' 라고 스스로 고백하고, 자신을 북돋아 하나님 앞에 일어서는 것이 '묵상' 입니다.

이런 묵상을 통해서 우리는 오늘의 모세로서 이 세상을 살아갈 수 있습니다. 그래서 광야의 고난이 축복이었음을 깨닫게 해주시는 하나님의 은혜를 맛보게 됩니다. 이렇게 묵상할 때 성령님이 우리에게 기름을 부으시고 하나님의 안아 주심을 체험하게 해주십니다. 몸을 굽히고 우리를 안아 주시는 자비로운 아버지 하나님을 만나게 해주십니다. 그분의 품에 안겨 광야를 통과하는 모세처럼 나도 그 황홀함을 느껴 보는 것입니다. 이것이 묵상이 주는 은혜입니다.

묵상하기 위해서는 적절한 환경이 필요합니다. 아무리 아버지와 자녀 사이라도 나쁜 감정이 끼어들면 어색해집니다. 하나님과 우리 사이에도 나쁜 감정이 낄 수 있습니다. 그렇기 때문에 하나님 아버지와 대화할 적절한 환경을 만들고, 마음에 생각나는 죄가 있으면 고백해야 합니다. 그리고 어린아이처럼 하나님을 갈망합니다. 고독과 침묵의 시간을 만듭니다. 마음을 열어 놓고 부르짖는 기도를 합니다. 그렇게 말씀 묵상이 가능한 환경을 만드는 것입니다.

많은 사람들이 바쁘다는 핑계로 하나님과 교제할 적절한 환경을 만드는 것을 등한시합니다. 대부분의 사람들이 명예와 건강, 온갖 흥밋거리에 몰두하다가 하루를 소진해 버립니다. TV나 신문, 인터넷에 매달려 시간을 다 내버리고 맙니다. 적절한 환경을 만들지 못하니까 묵상을 못하는 것입니다. 이런 사람들은 머리로는 하나님이 '아버지'지만 마음으로는 '아버지'가 아닙니다. 이런 메마른 사람이 되지 않기를 바랍니다.

요새는 세상이 바쁘게 돌아가니까 아이들이 아빠 얼굴을 보기도 어렵다고 합니다. 미국의 어떤 통계를 보니 아빠가 하루에 자기 아이들과 얼굴을 맞대고 대화를 나누는 시간이 10분도 안 된다고 합니다. 만나는 시간이 짧아지니 점점 더 서먹서먹해지는 것입니다.

하나님과 우리의 관계도 마찬가지입니다. 하나님의 말씀을 묵상하고 하나님을 아버지라고 부를 수 있는 은혜를 자주 경험해야 합니다. 바쁘다는 핑계로 그런 시간을 만들지 않으면 묵상을 못하게 되고 묵상을 못하니까 점점 그 사이가 서먹서먹해 질 수밖에 없습니다. 하루에 10분이라도 좋습니다. 20분이면 더 좋습니다. 적절한 환경을 만드십시오. 그리고 말씀 앞에 나아가 하나님을 만나십시오. 하늘 아버지의 품이 어떠한지 직접 경험하십시오.

돈키호테처럼

안아 주심의 은혜를 체험하려면 둘째로, 아버지의 품에 안겨 있는 자녀처럼 행동해야 합니다. 여기서 '마치 무엇처럼 행동한다'는 말을 마음에 새겨 두시기 바랍니다.

세르반테스가 쓴 유명한 『돈키호테』 Don Quixote라는 소설에서 주인공 돈키호테는 중세 유럽에 만연한 부정과 비리를 도려내고 학대받는 백성들을 해방시키는 기사가 되기를 열망했습니다. 그래서 나중에는 자기가 마치 기사가 된 것처럼 행세했습니다. 학자들은 이 소설이 주는 메시지가 놀랍다고 이야기합니다. 그것은 바로 '기사가 되고 싶으면 기사처럼 행동하라'는 것입니다.

어떤 신학자는 이런 말을 합니다. "성자가 되고 싶으면 성자처럼 행동하라." 저는 이렇게 말하고 싶습니다. "예수의 제자가 되고 싶으면 예수의 제자처럼 행동하라. 남편과 더 깊이 사랑하고 싶으면 애인처럼 행동하라. 하나님 품에 안겨 있는 자녀가 되고 싶으면 안겨 있는 자녀처럼 행동하라."

'마치 무엇처럼 행동하라'는 것은 신앙생활에도 통하는 아주 중요한 원리입니다. '믿는다'는 것은 마치 그렇게 된 줄로 알고 행동하는 것입니다. 예수님께서 이런 말씀을 하셨습니다. "무엇이든지 기도하고 구하는 것은 받은 줄로 믿으라 그리하면 너희에게 그대로 되리라." 마가복음 11:24 하나님 앞에 간절히 구했다면, 이제 구한 것을 받은 자처럼 행동해야 합니다.

권위 있는 기독교 저널리스트인 필립 얀시는 이런 말을 했습니다. "신앙생활이란 마치 하나님의 모든 말씀이 사실인 것처럼 믿고 행동하는 것이다. 그래서 나는 하나님을 '사랑 많은 아버지'라 생각하고 행동하며 산다." 이것이 믿음생활입니다. 믿음은 행동입니다. 하나님 품에 안긴 자녀처럼 행동하면 그것이 얼마나 행복한 삶인지 알게 됩니다. 그러나 행하지 않으면 그 진리를 결코 알 수가 없습니다.

제가 잘 아는 권사님 한 분이 미국에 사시는데, 오래 전에 제가 그 집을 방문해서 여러 날 신세를 진 적이 있습니다. 권사님은 평생 눈물 많은 생을 사신 분입니다. 그런데 그분 집에 머무는 동안 재미있는 광경을 보았습니다. 권사님은 아침에 출근을 하려고 나서면서 "아버지, 다녀오겠습니다" 하고 나갔다가 저녁에 돌아오면 문을 열고 현관에 들어서면서 "아버지, 잘 다녀

왔습니다" 하는 것이었습니다. 그 광경을 처음 봤을 때는 그저 습관적으로 그러나 보다 했습니다. 그런데 며칠을 듣다 보니 그 아버지가 바로 하나님이셨습니다.

'하나님이 안방에 갇혀 있는 늙은이인 줄 아나?' 하는 생각에 혼자 웃기도 했지만, 제가 느낀 한 가지 분명한 사실은 그분은 날마다 하나님 품에 안겨 있는 딸처럼 산다는 것입니다. 어디를 가나 하나님의 품에 안겨 사는 딸처럼 말하고 생각하고 행동합니다. 제가 그 권사님의 삶을 지금까지 20년이 넘도록 조용히 지켜보았는데, 그분이 마치 하나님 품에 안긴 딸처럼 행동하니까 하나님께서 남이 모르는 특별한 은혜를 주시는 것이 분명했습니다.

성경을 보면 참 많은 명령들이 나옵니다. 하나님께서 제일 많이 하신 명령은 "두려워 말라"입니다. 신명기에서도 중요한 고비마다 모세는 이스라엘 백성에게 반복해서 "두려워 말라"고 명령했습니다. 왜 그럴까요? 하나님의 자녀는 하나님의 넓은 품에 안겨서 광야를 걸어가는 사람들입니다. 크고 따뜻한 아빠의 품에 안긴 어린아이가 공포에 질려 벌벌 떠는 것을 본 적이 있습니까? 아버지의 품에 안겨 있는 자녀는 떨지 않습니다. 그래서 하나님은 우리에게 두려워 말라고 하시는 것입니다.

지금 당장 살아갈 일이 아득해서 공포가 몰려옵니까? 앞날에 무슨 일이 생길지 몰라서 두렵습니까? 앞이 캄캄해서 길이 전혀 보이지 않습니까? 믿음으로 나 자신을 향해서 선포합시다. 세상을 향해서 선포합시다. 하늘을 향해서도 선포합시다. 땅을 향해서도 선포합시다.

"나는 하나님 아버지의 품에 안겨 있는 사람이야! 나는 하나님의 사랑받는 자녀야! 내 영혼아 두려워 말라! 내 영혼아 두려워 말라!"

이렇게 할 때 우리를 두렵게 하는 모든 것이 다 사라지고 우리 앞에 반석이 갈라져 생수가 솟는 기적을 볼 것입니다. 우리도 하늘에서 떨어지는 만나를 먹는 놀라운 기적을 체험할 것입니다. 불기둥과 구름기둥이 길을 열어 주는 기적을 보게 될 것입니다.

하나님은 반드시 우리를 인도해 주십니다. 그래서 광야생활을 승리로 끝나게 하시고, 영원한 나라에서 하나님과 더불어 사는 복락을 누리게 하실 것입니다. 이런 은혜를 지금 삶의 현장에서 꼭 체험하며 사는 복 된 그리스도인이 되시기를 축복합니다.

❁ ❁ ❁

내가 기대고 안길 수 있는 따뜻한 품을 가진 아버지... 하나님!

Part 2
마음이 상한 당신에게●●●

지친 영혼의 비타민, 예수

[효능 · 효과]
영적 피곤의 예방 및 치료

[성분 · 함량]

- **피곤한 자에게 쉼을 주시는 예수님** ·········· (평생권장량 이상)
  "수고하고 무거운 짐 진 자들아 다 내게로 오라 내가 너희를 쉬게 하리라"
  _마태복음 11:28상

- **십자가 앞에서도 절망하지 않으신 예수님** ········· (평생권장량 이상)
  "그 앞에 있는 기쁨을 위하여 십자가를 참으사 부끄러움을 개의치 아니하시더니"
  _히브리서 12:2하

[용법 · 용량]
남녀노소 누구나

- **수시 복용**
  마음이 지칠 때마다 몇 초에서 몇 분간 예수를 생각합니다. 이때 짧은 기도를 곁들이면 효과가 커집니다.

- **정기 복용**
  일주일에 한두 시간을 구별하여 정해 놓고 예수를 깊이 묵상합니다. 그분께 모든 주도권을 맡기고 잠잠히 귀 기울이십시오. 소가 되새김질하듯 말씀을 되새김질하십시오.

은혜 안에서 만나는 영적 성장의 3단계

1단계_ 신앙의 첫사랑으로 날아오르기
: 용서받은 은혜에 감격해 하늘로 솟아오른다.

2단계_ 진리의 말씀을 붙잡고 달려가기
: 말씀을 배우고 분별하며 영적 도약을 경험한다.

3단계_ 고난에도 굴하지 않고 계속 걸어가기
: 많은 시험과 연단을 통해 예수님을 닮아간다.

속사람을 위한 건강수칙

"겉사람은 낡아지나 우리의 속사람은 날로 새로워지도다"_고린도후서 4:16

건강수칙 1_ 영의 양식인 말씀을 골고루 섭취한다.
"여호와의 율법은 완전하여 영혼을 소성시키며"_시편 19:7

건강수칙 2_ 영적 호흡인 기도를 지속하여 생기를 마신다.
"모든 기도와 간구로 하되 무시로 성령 안에서 기도하고"_에베소서 6:18 개역한글

건강수칙 3_ 영적 운동인 섬김과 희생으로 영적 근력을 키운다.
"선한 행실의 증거가 있어 혹은 자녀를 양육하며 혹은 나그네를 대접하며 혹은 성도들의 발을 씻으며 혹은 환난 당한 자들을 구제하며 혹은 모든 선한 일을 행하는 자라야 할 것이요"_디모데전서 5:10

건강수칙 4_ 날마다 기뻐하고 무조건 감사한다.
"항상 기뻐하라…범사에 감사하라 이것이 그리스도 예수 안에서 너희를 향하신 하나님의 뜻이니라"_데살로니가전서 5:16, 18

우리는 왜 두려운가?

두려움 1_ 하나님 앞에 떳떳하지 못한 뭔가가 있을 때
독사 같은 그 공포증은 언제 어디서든 우리를 공격할 것이다. 지금 당장 손해를 보더라도 마음에 거리낌이 될 짐이라면 과감히 던져 버리자.

두려움 2_ 갑자기 나에게 어떤 불행이 닥칠지도 모른다는 생각이 들 때
내가 하나님께 어떤 존재인지 생각해 보자. 어느 부모가 자기 자녀가 어려울 때 가만히 있겠는가?

두려움 3_ 나보다 앞서가는 사람 때문에, 나를 추격해 오는 사람 때문에
질투의 대상은 쉽게 공포의 대상으로 변한다. 그럴 때 사랑으로 감싸 안으면 그 대상에 대한 두려움이 깨끗이 사라질 것이다.

하늘 아버지의 안아 주심

하나님을 아버지로 경험하는 방법
- 복음서를 펼쳐서 예수님이 행하신 일과 하신 말씀을 묵상하라.
- 시도 때도 없이 하나님을 "아빠, 아버지"라고 불러라.

안아 주심의 은혜를 누리는 방법
- 하나님이 아버지가 되신다는 말씀을 찾아서 자주 묵상하라.
- 하나님 품에 안겨 있는 자녀처럼 행동하라.